最も大切なボランティアは、自分自身が一生懸命に生きること

池間哲郎
認定NPO法人
アジアチャイルドサポート
代表理事

現代書林

まえがき――20年間走り続けてきた

ネパールでHIV患者の女性たちへの支援を開始

2009年の初め、ネパールの首都カトマンズに、アジアチャイルドサポートと現地団体が共同で運営するHIV患者保護施設がスタートしました。HIVに感染した女性や子ども32名が暮らす施設です。

多くは10代の初めに親を助けるために売春婦となることを覚悟し、インドへ売られていった女性たちです。彼女たちは毎日、何十人もの男たちに体を売ることを強制されたあげく、HIVに感染してボロボロになり、ネパールへ帰されました。帰ったものの、エイズ患者に対する差別と偏見で故郷からも追い出されてしまいました。そんな悲しい境遇を持つ女性たちが、死の恐怖と戦いながら、ひっそりと暮らしています。

旦那さんや恋人からHIVをうつされた女性もいます。旦那や彼氏が買春によりHIVに感染、そして妻や彼女にうつしてしまう。感染がわかるとうつした本人は家に残るが、うつされた女性は家から追い出される。理不尽としか言いようがありません。旦那が死んでしまい、義父母に追い出された方もいます。不安そうな表情で生後1年ぐらいの赤ちゃんを抱いたお母さんもいます。母子感染のため、両方ともHIVに感染しています。

ヒマラヤ山脈の山ふところに位置するネパールは、北海道ほどの小さな貧しい国です。人口の80%以上がヒンドゥー教徒であるネパールには、インドと同じように昔からのカースト制度が今も厳然と存在しています。身分の低いカーストに生まれた人は、深刻な差別と貧しさの中で暮らすことを強いられています。しかし、ネパールの人たちの貧しさはカースト制度だけが問題ではありません。

ネパールは1990年に王政が廃止され、民主化への道を歩みはじめましたが、その道はきわめて厳しく、国連の調査では「世界の最貧国」のひとつにあげられていました。その後、徐々に経済発展が進んだものの、恩恵を受けているのは一部の富裕層だけで、一般国民の生活は依然として貧しいままです。ことに農村地域では貧困の度合いがひどく、たとえば気候不順になっただけでも作物は採れず、一家全員が餓死しかねない状態になってしまいます。こういう極度の貧しさの中では、どんなことが起きると思われるでしょうか。

子ども、とくに女の子が売られるのです。11歳か12歳、日本で言えばまだ小学校5~6年生くらいの女の子が買われ、隣の大国インドへ連れて行かれます。性の意味すらわからない少女たちが、その日から売春婦として働かされ、数えきれない男たちに性の道具とされ、HIVに感染したあげく、インド警察に摘発され、ネパールの故郷の村へ帰されるのです。

ネパールは伝統的に男尊女卑の考え方が強く、「女は人間でなくモノ」だと考えている男性もいます。そんな国で、HIV患者になって戻った女性たちがどんな扱いを受けるか、想像にあまりあります。

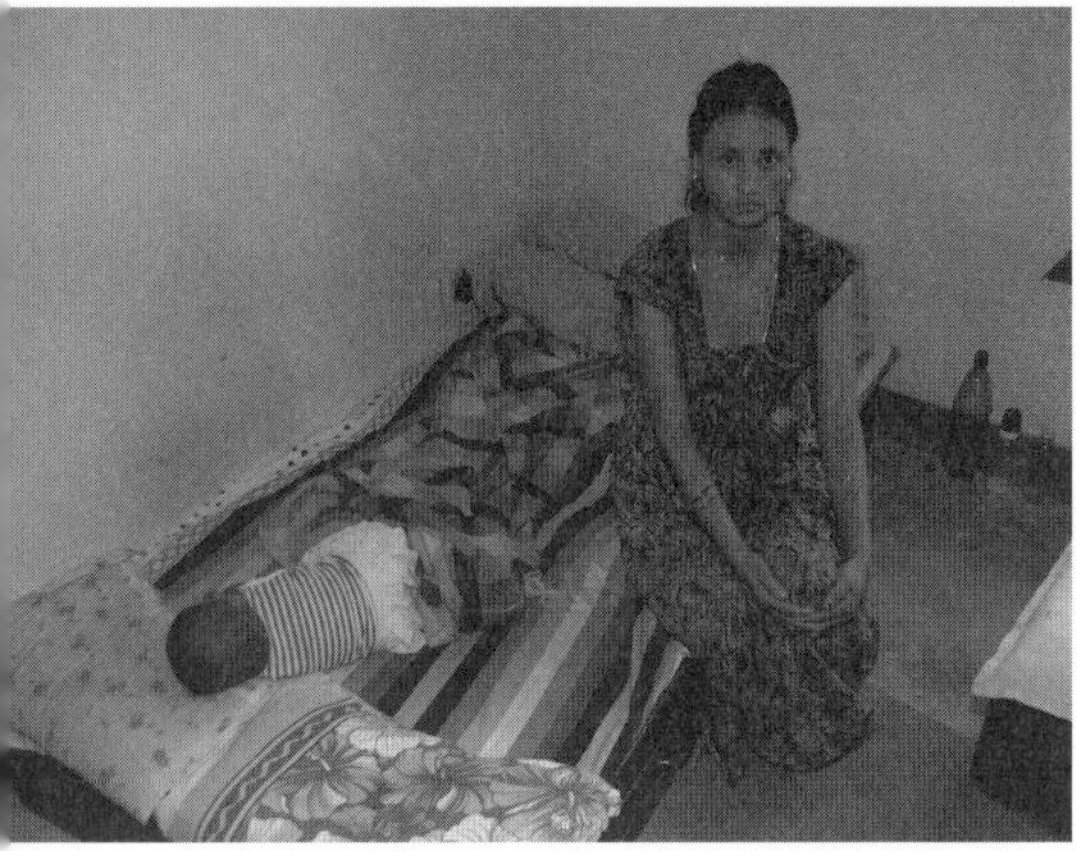

子どもとともに故郷を追われたHIV患者の女性

生まれ故郷でいじめられ、差別を受けた彼女たちは首都カトマンズに流れ着きました。

いつエイズが発病するかもしれない……。そういう絶望的な状況の中で、立ちあがった女性たちがいました。「体にも心にも同じ傷を持つ人たちを支えたい。死を待つだけの人たちに少しでも希望を与えたい。そのためにみんなで暮らせる施設をつくりたい」と。

立ちあがったものの資金も何もない。食事さえもまともに出すことができなくなってしまったのです。人の命を預かるということは、お金がかかるということです。結局は、どうしようもなくなり、ネパール人の友人を通して私に助けてくれとSOSが入りました。

途上国の子どもたちや弱者を支援して20年

私たち「アジアチャイルドサポート」は、名称からもおわかりのように、アジアの開発途上国で悲惨な状況に置かれた子どもたちを中心に、国際的な支援を行う活動を続けています。これまでカンボジア、ミャンマー、モンゴルなどの各国で、学校をつくり、井戸を掘り、孤児院や職業訓練センターなどの各種施設を建設、運営してきました。

ネパールがひどい状態にあることも以前から情報が入ってきており、気になっていましたが、なかなか手が回りませんでした。そこへ、「いつエイズで死んでしまうかもわからない女性たちがいる。何とか助けてほしい」という緊急要請です。とにかく実情を知ろうと、初めてネパールに飛んだのが２００９年の春でした。

そこで出会った女性たちの表情は暗く落ち込んでいました。団体は立ちあげたものの、マネジメントが上手くいかず、資金難でスタッフの給料さえも払えない状態です。30名余りのHIV感染の女性や子どもたちが暮らす保護施設の運営費もなくなってしまい、閉鎖しないといけ

笑顔が戻ったHIV施設の女性たちに囲まれて

ない状況でした。

「この施設を閉めてしまうと、ここに暮らしている女性や子どもは路上をさまようしかありません。私たちだけではなく、同じように差別をされ、行き場もなくさまよっている女性がたくさんいます。でも、私たちにはお金がありません。どうしようもないのです。日本の皆さん、どうか助けてください。HIVで苦しむ女性たちのために力を貸してください。エイズに対する差別をなくす運動のため、私たちは実名を明かしても構いません」

こう訴える表情には悲壮感が漂っていました。

「何とかしないといけない」と心底、思いました。この女性や子どもたちを路上に放り出してしまうと、HIVに対する偏見や差別が深刻なネパールでは生きていくことはできないと判断し、すぐに保護施設の運営をアジアチャイルドサポートが行うことを決定しました。

その後、何度かネパールへ行くうち、この国の子どもたち、とくに女の子たちの置かれているひどい実情も次第にわかってきて、他の活動も含めた本格的な援助に取り組むべく、現地に事務局も設立しました。

私がネパールを訪れるたび、彼女たちはこう言います。

「今度いらっしゃるとき、私たちはもう生きていないかもしれませんね」

笑顔でこんな言葉を口にされると、私は何も言えません。「しっかりと応援していこう」と自分に言い聞かせることしかできません。彼女たちは「エイズ問題の実情を知っていただくために、私たちが日本へ行って実名でお話ししても構いません」とまで言います。

このように私はアジアのさまざまな国を走り回って、国際ボランティア活動を行ってきました。支援活動を開始してから10年近くは1人で動いていました。誰かを巻き込む気などありませんでした。人様からの募金を預かるなどとはとんでもないことで、自分のお金、自己責任で生涯やっていくつもりでした。

それが地元の新聞などで私の活動が頻繁に取りあげられ、それを知ったまわりの皆さんから「一緒に団体をつくって活動の輪を広げていきましょう」との声があがり、１９９９年４月に団体として発足しました。個人の活動が約10年。団体となってから10年余りとなり、活動規模も大きく広がって、アジア途上国の大変な状況で生きている人々へ援助の手を差し伸べるだけでなく、多くの日本の青少年に命の尊さ、真剣に生きることの大切さを訴え続けています。

無我夢中で走り続けて20年間、その記録や思いをまとめたのが本書です。この本を通じて、私なりに感じた国際協力、ボランティアの本当の意味、一生懸命生きることの大切さを１人でも多くの日本の方々にわかっていただければ、これに勝る喜びはありません。

２０１１年８月

池間哲郎

目次

第2章
どん底の生活に希望の光を注ぐ活動

第3章 49％のためらいと51％の勇気

第4章 国際支援を支える意義と決意

第5章 日本の子どもたちに伝える現実

第1章
懸命に生きるアジアの子どもたち

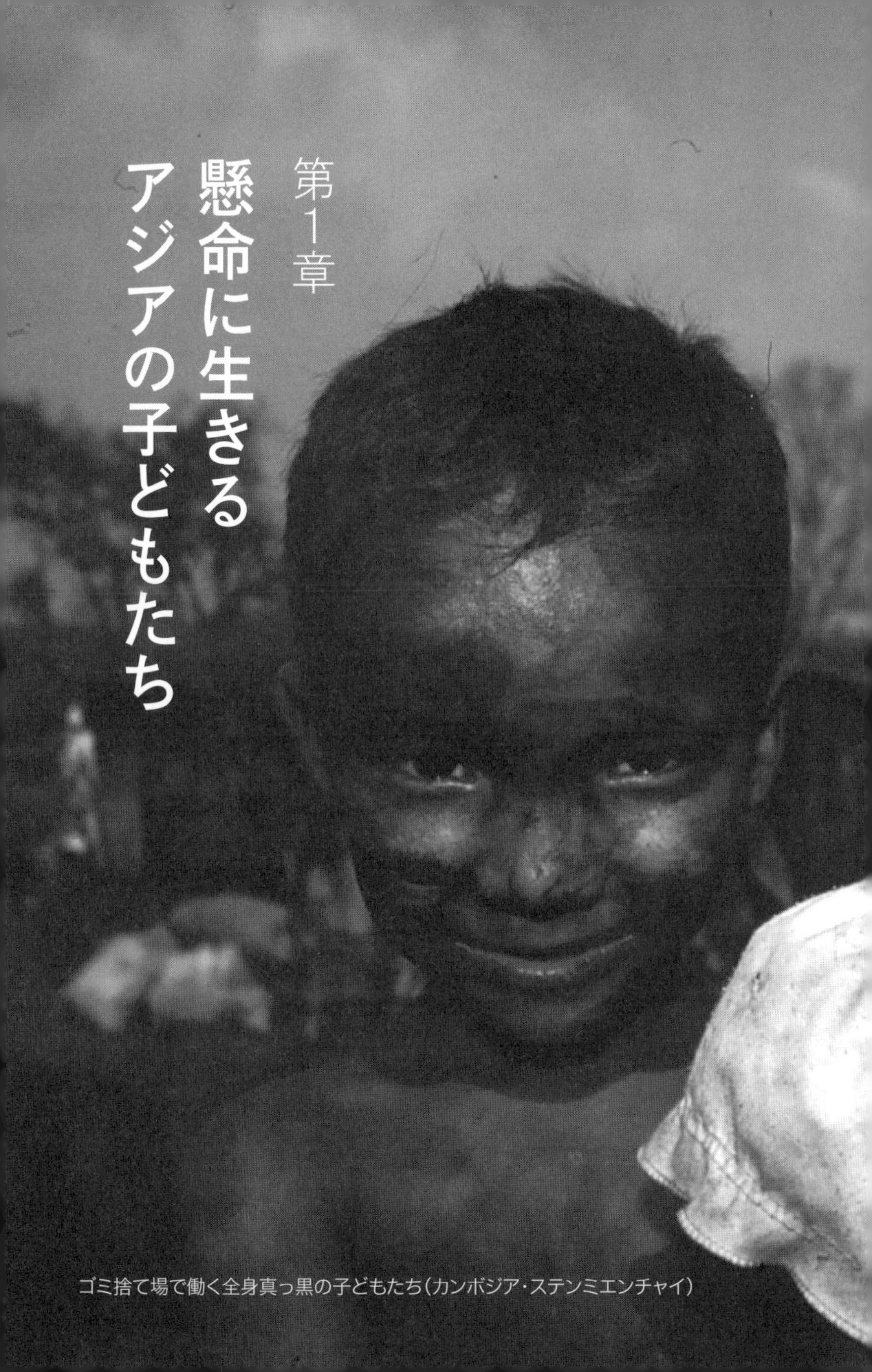

ゴミ捨て場で働く全身真っ黒の子どもたち（カンボジア・ステンミエンチャイ）

「私の夢は大人になるまで生きること」

人間には稀に、それまでの生き方を一変させるような出会いが訪れることがあります。人生を変える運命的な出会い、それを私自身もかつて経験しました。

フィリピンの首都マニラには、高層ビルの建ち並ぶ中心街を取り囲むように、いくつかのスラム街が点在しています。その中でも首都北西のトンド地区はフィリピンで最も大きなスラム街で、地元の人でも「トンドには近づかない」と言うほど、貧しさと暴力が渦巻く地域です。

その荒れたトンド地区に「スモーキーマウンテン」と呼ばれるゴミ捨て場がありました。もともとはマニラ港に近い静かな漁村でしたが、１９５４年からマニラ中のゴミがここに捨てられるようになりました。周辺都市を含み、マニラ首都圏は８００万人もの人口を擁しています。そこから毎日吐き出され、ダンプカーでここに捨てられたゴミは、30メートルもの山となって林立していました。ゴミが堆積すると発酵し、ガスが出ます。静電気が起こり自然発火し、あちこちで１日中煙があがっています。そのため、スモーキーマウンテン、〝煙の山〟と呼ばれていたのです。

私がここを初めて訪れたのは、１９９３年４月でした。フィリピンの４月と言えば、乾季の真っ盛りです。立っているだけでも目がくらむような暑さですが、その暑さも忘れるほどの光景に、私は呆然としました。目も開けられないほどの煙が立ち込め、吐き気をもよおす悪臭の漂う中で、大勢の大人や子どもがゴミの山に這いつくばるようにしながら、ゴミを拾っていたのです。

当時、３万人近くの人々がこのゴミ捨て場に暮らしていました。住民の多くが地方や離島出身者です。貧しい村の生活に耐えかね、生きるために家族連れで都会のマニラへ出てきたものの、仕事もなく住む場所すらありません。いつしかこのトンド地区にベニヤ板や段ボール箱でバラックを建てて住み着き、毎日ゴミをあさり、プラスティックの瓶やビニール袋、アルミ缶などを拾い、それをリサイクル業者に売って、日々の暮らしをしのいでいたのです。

ゴミの山にしゃがんだり、顔を突っ込むようにして売れそうなものを探す大勢の人たちの中に、多くの子どもたちの姿がありました。ビデオカメラマンの私は、まだ幼い少年や少女が大人に混じって懸命にゴミ拾いをする姿をカメラで撮影していました。私も３人の子どもを持つ父親です。「どうしてこんな幼い子どもたちが……」「可哀想に……」と胸を痛めながら、夢中になってファインダーをのぞき込んでいました。

大人になるまで生きたいと答えた少女

撮影しているうち、数人の子どもたちと仲良くなりました。どの子も頭の先から足まで真っ黒に汚れていますが、カメラを向けると輝くような笑顔を見せます。そのうちの1人、ボロボロのTシャツを着た10歳くらいの女の子に、私はふと「あなたの夢は何なの？」と尋ねてみました。こんなスラムに暮らしていても、子どもはきっといろんな夢を抱いているもの。そう思い込んでいた私に、少女はこう答えたのです。

「私の夢は、大人になるまで生きることです」

正直なところ、とっさには意味がわかりませんでした。大人になるまで生きるのが夢……。女の子の少し寂しそうな表情とこの言葉が、重く鈍い衝撃をともなったまま、私の胸に深く残りました。

ゴミ捨て場にいた素っ裸の少年

スモーキーマウンテンのことをいろいろ調べてみて、私はこの巨大なスラムの実情がわかると同時に、あの少女の言葉の意味もわかってきました。それは日本人の常識から言えば、想像を絶するものでした。

１日中立ち込める煙には、メタンガスやブタンガス、ダイオキシンなどの有毒物質が含まれています。実際、30分も歩くと目が痛くなり、頭も重くなってきます。こんな猛毒の中で子どもたちは暮らし、働いているのです。ゴミの山でスクラップやビニール袋などを拾い集め、１日の稼ぎは日本円にしてわずか80円程度です。このようなすさまじい不衛生な環境の中で長時間働くわけですから、当然ながら子どもたちの命は容赦なく蝕まれていきます。

それだけではありません。スモーキーマウンテンには毎日、３００台前後の大型トラックがゴミを満載してやってきます。トラックからゴミがどっと降ろされ、ブルドーザーがそれを敷いていきます。このトラックやブルドーザーの後ろを、子どもたちは袋をかついでついていき、新しいゴミからビニール袋やスクラップなど、お金に換えられそうなものを探すのです。

ゴミ捨て場では、痛ましい事故が頻繁に起きます。トラックやブルドーザーの運転手にとってまわりは関係なく、ゴミを拾う子どもたちのことなど気にすることはありません。子どもがトラックから降ろされるゴミに埋もれてしまうことも、ブルドーザーのキャタピラに巻き込まれたり、トラックにひかれて命を奪われてしまうことも珍しいことではありません。

極度に不衛生な環境に加え、こんな事故が日常的とあって、ゴミ捨て場の子どもたちのうち、15歳まで生きるのは実に3人に1人だと言われています。このような実情を知るにつれ、あの少女が語った「私の夢は大人になるまで生きること」という言葉が胸を締めつけるほどせつない響きでよみがえってきました。

そんな思いを抱えながら、やはりカメラを回していたときでした。いつものように大勢の子どもたちが働く中、4、5歳の男の子がいました。パンツも何も着けていない素っ裸です。足の先から頭のてっぺんまで真っ黒で、爪はめくれて血だらけ、汚れ切った体のあちこちが皮膚病にかかっているのか、膿も噴き出しています。痛ましくて見ていられないようなそんな少年が、ゴミに埋まったブルーシートを取り出そうとしていました。素っ裸の体をがたがた震わせながら、自分の体の何倍もの長さのシートを懸命に引っ張り出そうとしているのです。

私はその少年から目が離せなくなりました。カメラを向けることも忘れていました。必死になって働くその子を見ているうち、私の目から涙がぼろぼろ流れてきました。ゴミの山にしゃがみ込み、号泣してしまったのです。こんな体験は生まれて初めてでした。泣きながら私の胸に突き刺さるような思いがこみあげてきました。

「こんな幼い子どもでさえ、ここまで一生懸命生きてるじゃないか。オレは今までいったい何をしていたんだ……」

人生を変える運命的な出会い

大人になるまで生きることが夢と言った少女、素っ裸で懸命にゴミを拾う少年。彼らを前に私は、自分自身が本当に恥ずかしくなりました。このままじゃいけない、しっかりと生きていかなければ、この子どもたちの命に対して失礼だと、痛切に思ったのです。

今思い出すと、それは私の人生の転機でした。それまでの自分の生き方を恥じ、真剣に生きていくことを自らに誓ったのです。

この章の初めに、「人間には稀に、それまでの生き方を一変させるような出会いが訪れることがある」と述べました。まさに、スモーキーマウンテンでの出会いがそれでした。生涯、子どもたちを支える運動を本気でやっていこうと決意した出来事でした。

　こんなことを言うと、私が何か特別な人間のように思われるかもしれませんが、まったくそんなことはありません。初めてスモーキーマウンテンに行ったときも現在も、小さなビデオ制作会社を営む経営者に過ぎません。そんな私が、なぜゴミ捨て場の少年少女たちに出会い、人生を一変させられるほど大きな転機を得たのか、自分自身でもいろいろ考えてみました。

　もし、他の日本人の方がゴミ捨て場の子どもたちの様子を目にしたとしても、日本の子どもたちとは比べようもない実情に、どなたも「可哀想に……」と胸を痛めるはずです。涙を流すこともあるでしょう。私も最初はそうでした。しかし、そこを超えて私は激しく揺さぶられ、自分の生き方を恥じ、さらに「これからは一生懸命に生きよう」と自らに言い聞かせたのです。

　これには当時の私の生き方が関係しています。私の半生についてはあとで詳しくお話したいと思っていますが、とても胸を張って語れるような人生ではありません。

　先ほども少し述べたように、当時から私は沖縄でビデオ制作会社を経営していて、とくに努力もしませんでしたが、会社は順調でした。それまでも電機会社の営業マンなどいろいろやってきましたが、どれも適当にやっていたにもかかわらず、何とかいっていました。「人生ってこんなもの」とタカをくくるような気持ちと同時に、目標もなく生きている自分に対する苛立ちも感じていました。

そんなとき、１９９０年に仕事の関係で台湾を訪れ、売春問題や人身売買の実態を目の当たりにし、衝撃を受け、個人的に関心を深め、貧しさのために少女たちが売られていく実態を調査するようになりました。米軍占領下の沖縄で生まれ育ち、アメリカ人たちからの徹底した人種差別を受けた経験を持つ私にとって、台湾の人身売買は胸のうずくような問題でした。

しかし、私がしたことと言えば、わずかながらの支援物資を届けることや調査を行うなどの援助に過ぎませんでした。日々の暮らしも仕事も、すべてが適当な生き方でした。そんな自分の生き方に苛立ち、もっとしっかりと生きていかねばとの思いも潜んでいたのは確かです。そして、その思いに火をつけ、懸命に生きることの大切さを身をもって教えてくれたのが、ゴミ捨て場に暮らしている子どもたちだったのです。

「一度でいいから、お腹いっぱいご飯が食べたい」

スモーキーマウンテンの子どもたちの姿に衝撃を受けた私は、それからもフィリピンやカンボジアのゴミ捨て場に何度も足を運びました。いつ行っても、子どもたちは劣悪きわまりない環境の中で懸命に働きながら生きていました。彼らとのふれ合いの中では、つらいことも起きます。仲良くなった子どもたちにカメラを向け、シャッターを切り、そして、その写真を後日、子どもたちに喜んでもらおうと届けに行ったときには、すでに亡くなっていた子もいました。どの子も5歳前後です。悲しみに胸がつぶれそうになってしまいます。

フィリピンだけでなくアジアのどの途上国にも、必ず吹き溜まりのようなスラムやゴミ捨て場があります。当時は年に2回ほど、カンボジアやモンゴルなどに出かけて援助を行っていたのですが、日本にいるときも以前よりも真剣に働くようになりました。あのゴミ捨て場に暮らしている子どもたちを思うと、どんな苦しいことでもたいしたことではないと感じられるようになったのです。

そうして一生懸命に働き、子どもたちへのお土産や多少の寄付金を持って、あちこちの国を訪れるのです。すべて個人としての活動でした。家族や社員たちは半ばあきれていました。

フィリピンに続いて、カンボジアにも通うようになりました。カンボジアの首都プノンペンにも、ステンミエンチャイという地域にやはり巨大なゴミ捨て場があります。スモーキーマウンテンと同じように行き場のない人々がバラック小屋に住み、ゴミの山からビニール袋やスクラップなどを拾って生きています。もちろん、子どもたちも働いています。

家族のためにゴミ拾いをする13歳の少年

私はプロのビデオカメラマンですが、他のカメラマンと違うのは、行った先で撮影するだけでなく、たとえ少しの日数でも現地に滞在し、同じものを食べたり、同じ仕事をしようとすることでしょう。個人活動から組織活動になった今でも、この現場主義は変わることのない私の基本姿勢です。

といっても、日本人の私にとってどれも大変なことばかりです。カンボジアのステンミエンチャイのゴミ捨て場で、子どもたちとともにゴミ拾いの仕事を実際にやってみたことがあります。その日は雲ひとつない青空が広がっていましたが、ゴミ捨て場には煙が充満していて、2

ものすごい暑さや悪臭、有毒ガスや煙の中で、ただひたすらお金になるゴミを拾い続ける子どもたち

メートル先も見えない有様でした。スモーキーマウンテン同様、ここの煙にもメタンガスやブタンガス、ダイオキシンなどの有害物質が含まれています。その中でゴミ拾いを始めたものの、わずか1時間ほどで吐き気をもよおし、ぶっ倒れてしまいました。

日本人としては体力に自信のある私ですが、あまりの暑さと臭気に体全体がやられてしまったのです。ところが子どもたちは、同じ環境の中で10時間近くも働いているのです。ゴミの上に倒れた私を介抱するため、たくさんの子どもたちが集まってきました。そして、自分のタオルで汗まみれの私の顔を拭いてくれるのです。そのタオルも汚れきっていますが、子どもたちのやさしい心がしみてきました。「ホーッ」と大きな息をつくと、まわりを取り囲む子どもたちは大声で笑いながら「大人のくせに、だらしがないよ。弱いね、おじさん」と言うのです。

そんな子どもたちの1人、まだ9歳のある少年に、スモーキーマウンテンのときと同じように「君の夢は何なの？」と尋ねてみました。その子は文字通り夢見るような笑顔でこう答えました。

「一度でいいから、お腹いっぱいご飯が食べてみたい」

この言葉は、その後もあちこちのスラムやゴミ捨て場で聞きました。こんな環境で暮らしている子どもたちの中には、食べ物で満腹感を味わった経験がない子も多いのです。私はそれまで、いつもおなかいっぱいご飯を食べてきました。たくさんの食べ物を捨ててきました。ゴミ捨て場の子どもたちの夢を聞き、食べ物に感謝することなく生きてきた自分が恥ずかしくなってしまいました。

弁当に手をつけず持ち帰った子どもたち

ゴミ捨て場に暮らす子どもたちは、いつもお腹をすかせていますが、心は豊かで温かいのです。それを私は身をもって知ることになりました。ある日、12名の子どもたちとランチをとりました。弁当は私のおごりです。日本で買えば1000円程度の少しだけ豪華な弁当でした。

子どもたち1人1人に弁当を渡し、みんなで芝生の上に座りました。弁当箱のふたを開けた子どもたちは目を丸くして驚き、「わー、すごい。こんなご馳走、見たことがない！」と、どの子も飛び跳ねて喜ぶのです。子どもたちの喜びは私の喜び、「さあ、みんな、食べよう」と言うと、驚くべきことが起きました。全員がまったく口をつけないまま、弁当箱のふたを閉じてしまったのです。

意味がわからず私が黙っていると、4歳くらいの少女がとことこと私の前にやってきまし

ゴミ捨て場の子どもたちは、いつもお腹をすかせているはずなのに、文句ひとつ言わず、ただ黙々と一生懸命に働いている

た。そして、目を真っ赤にして泣きべそをかきながら、「おじさんにお願いがあります」と言うのです。「うん、何だい？」と聞くと、少女はか細い声で答えました。

「こんなご馳走を1人で食べることはできません。家に持って帰って、お父さんやお母さんと一緒に食べてもいいですか？」

言葉もありませんでした。他の子たちを見ると、やはり全員がうつむいたまま、うなずいていました。結局、どの子もまったく手をつけないまま、大事そうにお弁当を家へ持ち帰ったのです。「ああ、またこの子たちに教わったな」という思いに胸が締めつけられました。

こういう経験を並べていけば、キリがない

ほどあります。言うまでもなく子どもたちは、理屈を述べているわけでも、何かを主張しているわけでもありません。自分が大人になるまで生きていけるかどうかすらわからない環境の中、毎日10時間も黙々と働き、稼いだわずかのお金を家計の足しにしています。学校へ通えない子どもも大勢います。両親と弟妹の5人暮らしの10歳の少女は「自分が一番年上だから働くのが当たり前」と言いました。例によって「あなたの夢は?」と尋ねた私に、質問の意味がわからないかのようにうつむいたまま、しばらく答えませんでした。ようやく彼女の口から出たのは、こんな言葉です。

「今まで夢なんか一度も見たことがない。生きるのに精一杯です」

こういう子どもたちと接しながら、私はつくづく思いました。私にとって最も偉大な人生の師は、宗教家でもなければ哲学者でもなく、偉大な経営者でもない。最も弱くて小さくて、今日の食べ物も手に入れられないほどの貧しさの中で生き抜く、ゴミ捨て場の子どもたちにほかならない。どんな状況でも懸命に生き抜く力強さ、そして、喉から手が出るほど食べたいお弁当を家族と分け合って食べたいと持ち帰るやさしさ……。

この子どもたちに学びながら、私自身がしっかりと生きていかなければならないと、今でも毎日のように言い聞かせています。

飢えで苦しむ子どもたちと飽食日本の子どもたち

私のアジア途上国への旅はフィリピン、カンボジア、さらにタイ、モンゴル、ミャンマー、ネパールへと広がっていきました。どこに行っても、極度の貧しさの中で一生懸命に生きる子どもたちに出会い、感動するとともに、私たちが生きるこの世界に存在するひどい格差や差別に疑問や憤りを感じざるをえませんでした。

そんな話を友人にしているとき、「いやあ、そういうことは全然知らなかった。一度、みんなの前で話してくれないか」と言われ、初めての講演をしました。たしか１９９５年、夏のことでした。以来、講演は現在（２０１１年８月末）まで約２５００回になります。企業や団体、学校など、さまざまな場所で、私が撮ってきた映像を見てもらいながら、世界の貧しさで苦しむ人々の状況を説明させていただいております。この本には、その一部をＤＶＤにして付けました。

世界には現在、約68億の人々が暮らしています。その中で私たちのように豊かな国、日本やアメリカ、ヨーロッパなどで暮らしている人は、世界人口のうちの20％程度に過ぎません。残

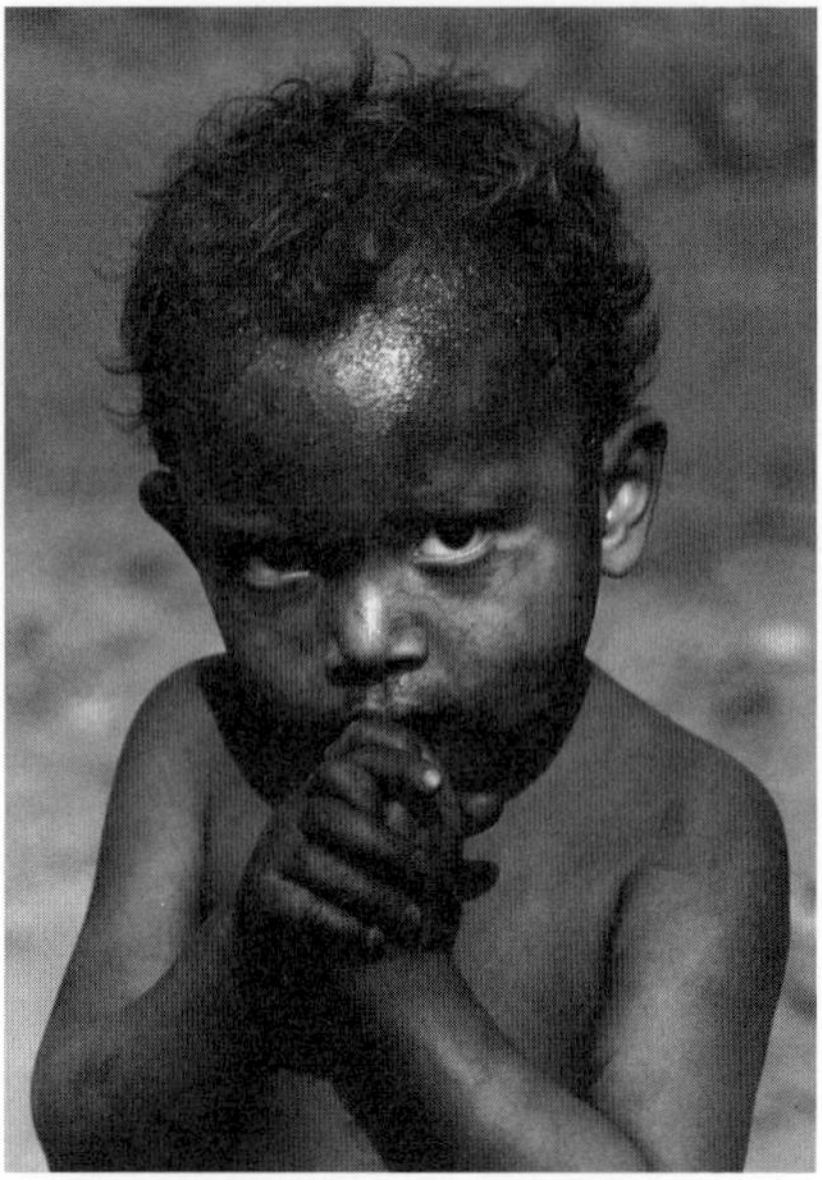

ゴミ捨て場で生きる全身真っ黒の子ども

りの8割、50億人以上の人々はアジア、アフリカなどの開発途上国、貧しい国に住んでいるのです。つまり、私たち日本人のように豊かな生活をしている人々はほんのわずかで、他の人たちは貧しさのために苦しんでいるのが現実なのです。

そして世界の80%の国々では、貧しさのために命を失う人がいっぱいいます。食べ物がない、買うことができない。あるいは安全な水を確保することができない。病気になっても病院に行くことも、風邪薬などの安い薬さえも手に入れることができないなど、貧しさが原因で亡くなる人々は、実に2秒から3秒に1人、1日に3万人から4万人にものぼります。しかも、その亡くなっていく人々の大半が、子どもなのです。

こんな理不尽な現実に、私たち日本人も大いに関わっているのです。よく世界の食糧問題、食糧危機が語られます。食糧が足りず、そのしわ寄せが貧しい国へ及ぶのだという論調ですが、事実はそうではありません。世界の人々が食べていけるだけの食糧は、実は１００％あるのです。それではなぜ、貧しさで死んでいく人がこんなにもいるのかというと、豊かな国に住んでいる2割の人間が、世界の食糧の7割近くを食べているからです。一部の人たちがたくさん消費し、食べられない他の多くの人たちが死ぬ。つまり、食糧があるかないかの問題ではなく、〝分け方〟の問題なのです。

近年の経済不況によって、日本人もだいぶ食生活を見直すようになってきましたが、アジアの貧しい国の人々を見てきた私にとっては、日本人の食生活はあまりに異常としか思えません。日本人の食卓に出てくる食糧の、なんと2割か3割は残飯として捨てられています。これをカロリーに計算すると、7千万から8千万もの人々が生きることができると言われています。ほとんどの日本人が、そんなことを意識もしないこと自体が異常です。

私は全国の小学校や中学校で講演する機会も多いのですが、講演を終えて給食の現場を見せてもらうこともあります。すさまじいほどの残飯です。沖縄から東京、北海道までどこの学校も同じ、日本の子どもたちのほとんどが、食べ物の大切さをわかっていないのです。これは子どもたちというより、食べ物の大切さを教えない大人たちの問題だと私は思っています。

もともと日本人は、食べ物を大切にしていた国民です。米一粒に対しても、この中に仏様がいらっしゃる。そんな敬虔な思いを抱いていたのです。しかし、経済的発展に伴い、日本人は世界で最も食べ物をムダにする民族になってしまいました。それが子どもたちの給食の残飯になってあらわれています。同じアジアの国々では、食べ物を手に入れることができないために、毎日たくさんの子どもたちが死んでいきます。その一方で、平気で食べ物を捨てる子どもたちがいる。

あまりにも大きな落差ですが、私は日本の子どもたちに希望を失ってはいません。私が撮った映像を見せ、話をすると、どこの学校でも子どもたちは衝撃を受けます。飢えで死ぬという、自分たちの知らない世界があることを知り、そして考え込みます。これが大切なのです。私が20年間、国際支援活動を続けてきた理由もそこにあります。

「僕が働かないと家族が死んでしまう」

話が先回りしてしまいましたが、10年間個人として活動した私は、その活動がマスコミに取りあげられるようになりました。そして、周囲から「団体として一緒にやっていこう」との声に押され、現在の「アジアチャイルドサポート」の前身である団体を立ちあげました。

１９９９年のことです。ボランティア活動の団体化には長所短所があり、それについては後述しますが、組織にすることで活動の規模や地域は格段に広がっていきました。しかし、私自身の原点はまったく変わりません。アジア途上国の貧しい劣悪な環境の中で、ひたむきに一生懸命に生きる子どもたちに学ぶという姿勢です。

先ほど、貧しさのために食べ物がなく死んでいく人たちの話をしました。たとえばある家族がそういう餓死寸前の状況に陥ったとき、親は子どもをどうするとお考えになるでしょうか。日本人としては想像がつきにくいでしょうが、子どもを捨てるのです。では、捨てられた子どもは、親を恨みながら生きるのでしょうか。そうではないのです。

カンボジアのプノンペンで、当時10歳の少年と出会いました。タケオ州の村で、両親、弟妹の５人家族が貧しいなりに幸せに暮らしていましたが、この子が８歳のとき、父親が病死してしまったのです。残されたお母さんと子どもたちは、１年間だけは何とか食いつなぎましたが、いよいよ家には食べるものがなくなってしまいました。するとお母さんは、長男のこの少年が９歳の誕生日を迎えた頃、この子を都会のプノンペンに連れて行き、置き去りにして村へ帰ったのです。別れるとき、お母さんはわが子を抱き締めながら「お前だけでも、生き延びなさい」と泣きながら言ったそうです。

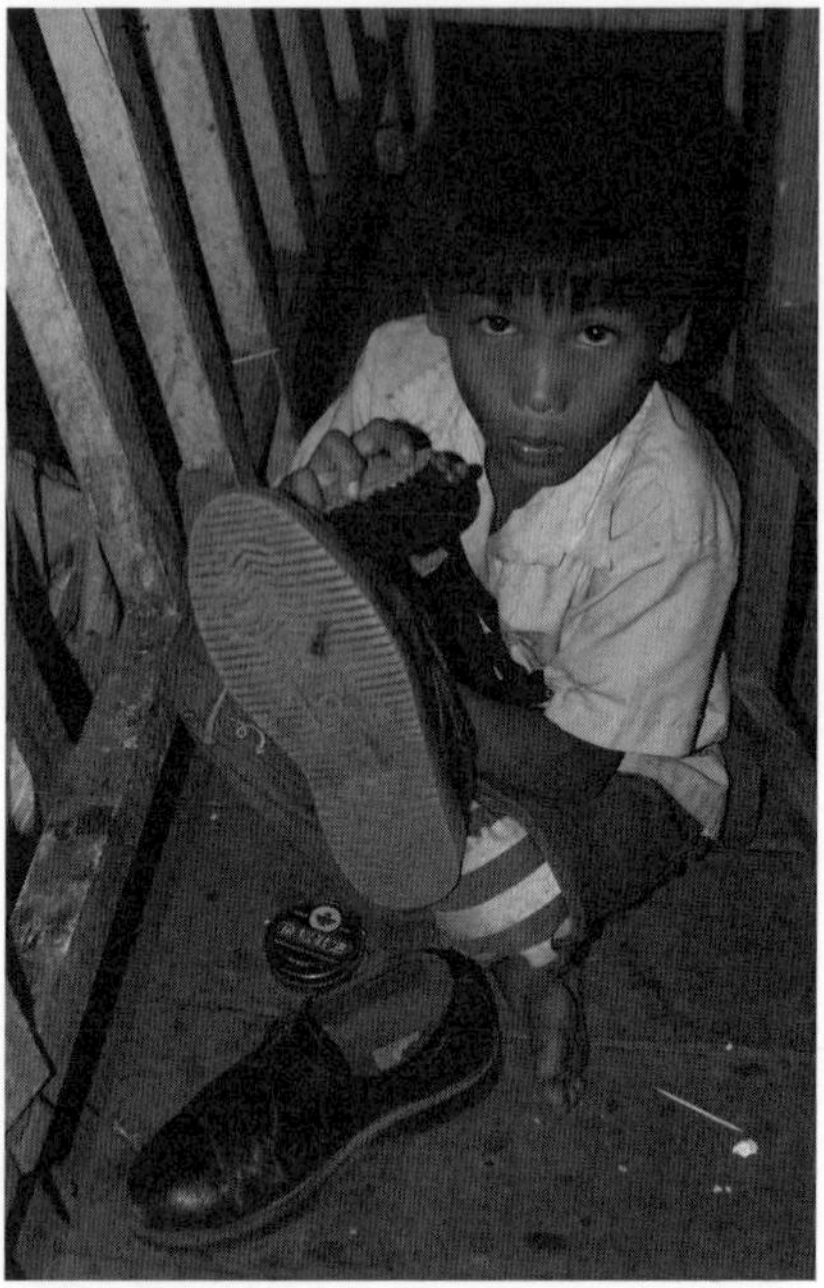

故郷の家族のために、都会で靴磨きをしてお金を稼ぐ少年

都会に捨てられた少年は、生き延びました。乞食をして、残飯をあさり、やがて靴磨きの仕事を見つけました。毎日毎日、レストランを回っては、地べたに座り込んで「靴を磨かせてください」とお願いするのです。1人磨いて料金は30円ですが、少年の取り分はわずか10円。1日懸命に働いて200円ほどの稼ぎです。

この少年の偉いところは、そうして稼いだお金をほとんど使わずに貯め、半年に1回、遠く離れた故郷の村まで帰るのです。そして、貯めたお金をお母さんに渡し、また都会まで歩いて戻って靴磨きを始めるのです。その話を聞いた私は感心して「キミは偉いなあ。孤児院に入ってちゃんと勉強したらどうだ?」と勧めました。ところが彼は、キリッとした表情でこう言ったのです。

「僕が働かないと、お母さんも弟も妹も死んでしまう。僕は長男だから家族を守るのは当然なんです。学校には行きません」

やはり言葉がありませんでした。私なんかより、この子のほうがはるかに立派です。

マンホール・チルドレンのたくましさ

モンゴルは大相撲力士の登場で日本人にもなじみの深い国になってきましたが、この国のすさまじい実情については、ほとんどの方がご存知ないと思います。

長い間、旧ソ連の援助下にあったモンゴルでは、ソ連のペレストロイカの影響を受け、１９９２年に社会主義体制が崩壊しました。経済は壊滅状態に陥り、会社や工場が軒並みつぶれ、町には失業者があふれるようになりました。貧しさは人々の心を狂わせます。仕事もなく酒に溺れる父親が子どもに暴力を振るう。親に殴られるのが嫌で家を飛び出す子どもたち。また、家族全員が餓死するほど追い詰められて一家がバラバラになってしまい、町に放り出された子どもたち。

モンゴルの首都ウランバートルを私が初めて訪れたのは１９９９年でしたが、そんな子どもたちが７０００名もホームレスになって暮らしていました。そこで、ある少年に出会いまし

ビニール紐を噛んで空腹を紛らす少年

た。体がふらふらして、私の目の前でバタンと倒れてしまったのです。「どうした？　病気なのか？」と尋ねると、「もう3日間何も食べてない」、そう言ってビニールの紐を取り出し、口に詰め込んでくちゃくちゃと噛みはじめました。空腹のせいです。耐え切れないほどお腹がすいたとき、段ボールの切れ端やビニール紐などを口に突っ込み、噛んでいると少しだけでも空腹がやわらぐのです。
　ホームレスの子どもたちは、それでもたくましく生きていました。靴磨き、車洗い、市場の荷物運びなどで働き、わずかなお金をもらい、生き延びるのです。家のないこの子どもたちが暮らすのは、マンホールの中。それで「マンホール・チルドレン」と呼ばれてい

マンホールの中には多くの子どもたちが暮らしている

ました。

標高1351メートルのウランバートルは、世界で一番寒い首都です。真冬にはマイナス30℃にも達します。この町では、郊外にある火力発電所で石炭を燃やして電気を起こしています。そのとき一緒にお湯をわかし、それをパイプラインで町に運び、アパートなど大きな建物の暖房に使っています。

マイナス30℃の戸外で寝ると、当然ながら人間は死んでしまいます。唯一暖かいのがマンホールの中です。ここならホームレスの子どもたちも生きていけますが、中に入ってみて驚きました。汚水がたまり、ゴミが散乱し、おまけにネズミの群れが走り回っているのです。いくら暖かいといってもこんな場所に人間が住めるのだろうか……。そう思いながら奥へ進むと、パイプ管に寄り添うようにして子どもたちが寝ていました。まだ年端もいかない幼い子もいます。

その子どもたちをよく見ると、耳たぶや唇が裂けたり、めくれあがったりしています。皮膚病の一種かと思いましたが、そうではありません。ネズミにかじられたと言います。ネズミは人間のやわらかい部分、耳や唇をねらってかじるのです。それを知ったときは、さすがの私も声が出ませんでした。

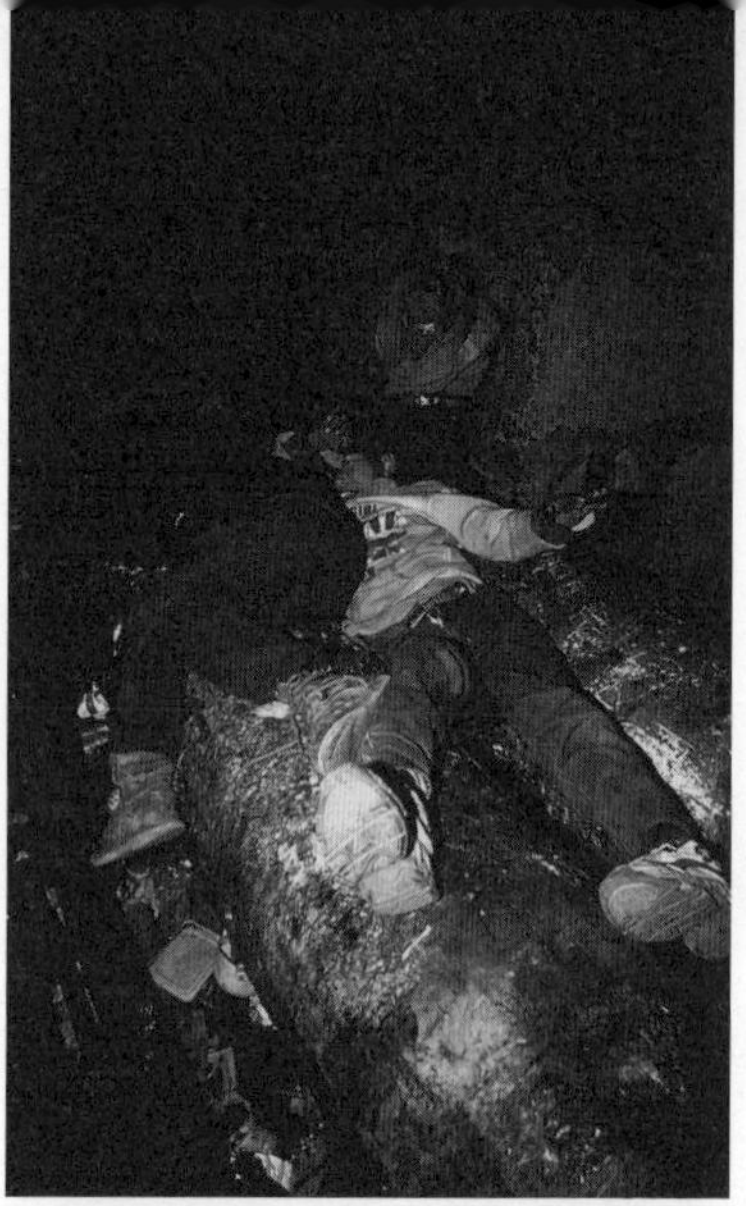

マンホールの中は真っ暗で非常に汚く、外に比べればいくらか暖かいといっても、とても人間が住めるような環境ではない

親との永遠の別れは子どもから笑顔を奪う

いろんな国で、親に捨てられた子どもたちにたくさん会ってきました。こんな話を日本ですると、必ず返ってくるのが「いくら貧しくても、どうして自分の子どもを捨てることができるんだ。捨てるくらいなら産まなければいいじゃないか」という言葉です。それは、わが子を捨てるほどすさまじい貧しさを想像できない現代の日本人の視点です。私が子どもの頃、日本でも貧しさのために子どもを捨てる例は珍しくありませんでした。

親が自分の子を愛する心はいつの時代、どこの国でも変わりありません。それでもわが子を捨てるのは、子どもに生きてほしいからです。家族が全員、飢え死にしかねないような状況になったとき、「せめてこの子には生き延びてほしい」、そんな思いにかられるのです。

貧しいアジア途上国のうちでも、最も貧しい暮らしをしているのは、ほとんどが農村地域です。貧しくとも天候が例年通りなら、何とか食べていけますが、ときに異常気象が起こります。雨が降らなくて作物が育たなかったり、台風などの自然災害で畑が全滅してしまうこともあります。そうすると大変な状況になってしまいます。今日を生きるだけで精一杯の人々に貯

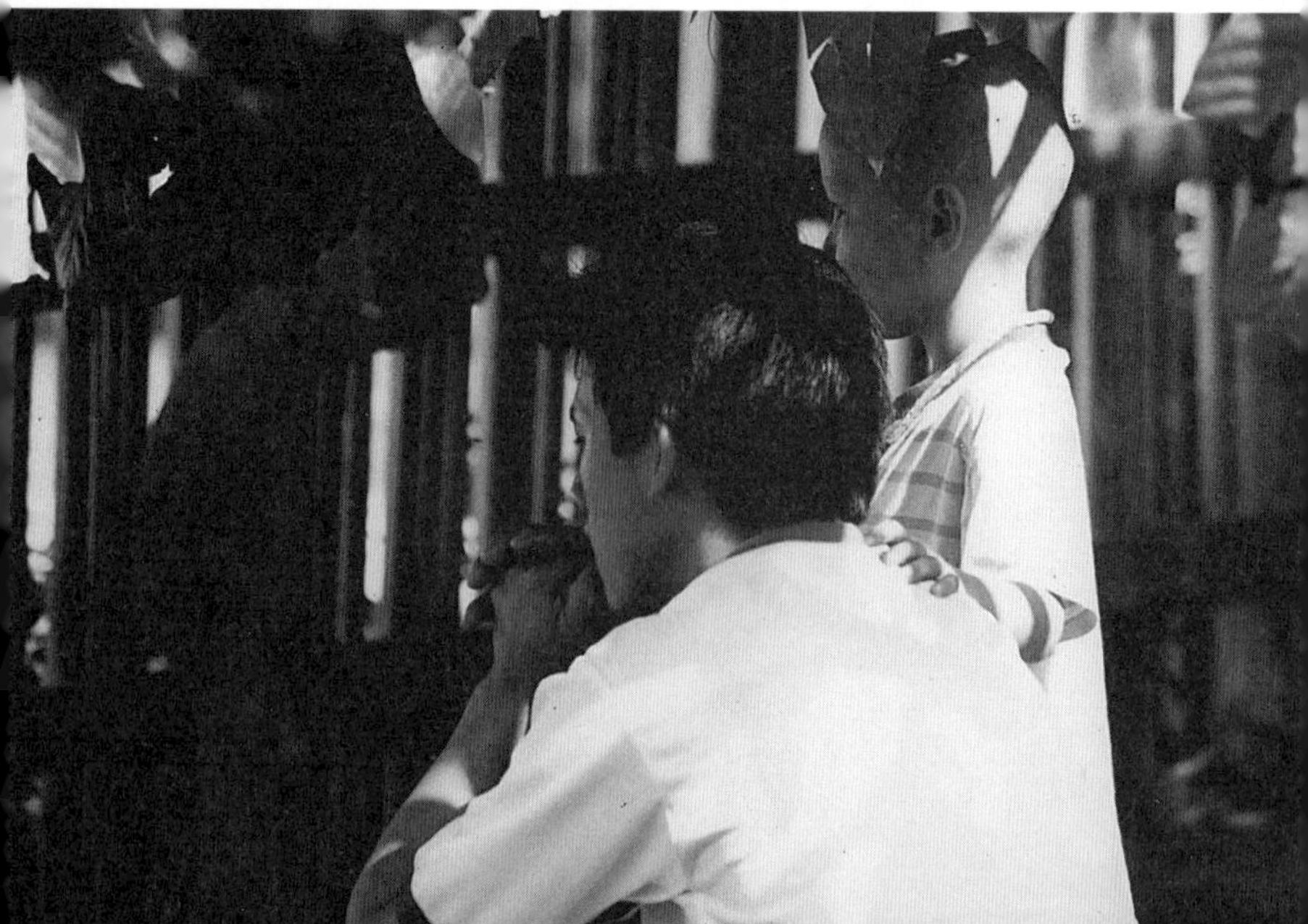

親と別れて呆然とする子供たち（上）と、今まさに別れの時を迎えている親子（下）

金などあるはずがありません。食べ物の蓄えもありません。家族が餓死するほど追いつめられてしまうのです。

一番先に死んでいくのは、体力のない子どもです。親は村を離れることはできません。なぜなら、生き残ったことを考えて畑を守らないといけないからです。でも、村にいては子どもが生きていくことは難しい。すると、親は心の底からわが子を愛しているから、子どもの手をとって都会に捨てに行きます。村にいては生きていけない。でも、都会に捨てると、もしかしたら孤児院に保護されるかもしれない。ゴミを拾い、残飯を食らってでも生きる可能性がある。物乞いをしてお金をもらうことだってできるかもしれない。仕事を見つける可能性もある。村にいるよりは、都会に子どもを捨てたほうが生き延びる可能性が高いということです。

タイのアユタヤという町に大きなお寺があり、そこは孤児院も兼ねています。15歳までの子どもたち、男の子が約１５００名、女の子が４００名暮らしていました。孤児院ですが、ほとんどの子どもたちに親はいます。そして、その多くは山に暮らしている山岳民族の子どもたちなのです。極度の貧しさのため、親は子どもを連れて来てここに預け、山へ帰ります。再び親子が会うことは難しいでしょう。というのも、遠い山から寺のある町までのバスや電車などの交通費は彼らにとって大金です。親が、この寺へ来ることは二度とありません。子どもたちは

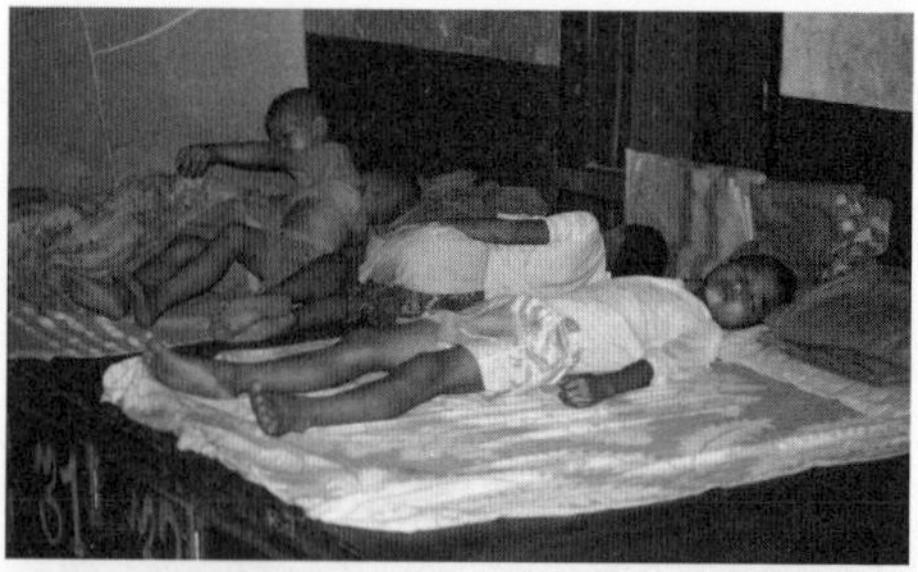

孤児院では、最低限の衣食住は保障されてはいるものの、子どもたちの表情は、どことなく寂しげな印象である

大きくなっても、どうせ山に帰っても仕事もなく食べていくことはできないから、故郷の村へ帰る子どもは少ないのです。

この孤児院に滞在しているとき、私は何度か親子の別れを目にしました。山岳民族の若い父親が、今まさに息子と別れようとしていました。お父さんは両手を合わせたまま、うつむいてボロボロ泣き続け、子どもも永遠の別れを感じているのか、父親のそばを離れようとしませんでした。いつまでたってもそのままなので、職員が無理に引き離しました。親も子も大声で泣きながらとうとう別れていきました。そのお父さんの胸を引き裂くようなつらさが、子を持つ父親である私に伝わってきて、こちらも涙を抑えることができませんでした。

しかし、もっとつらいのが残された子どもです。兄と弟がそろってこの施設に預けられる様子も見ました。父親が帰ってしまったあと、兄弟2人が2時間も声をあげて泣いていました。そして泣き疲れたのか、放心したように呆然と座ったままでした。親と離れた悲しみと不安におびえていたのでしょう。

こんな悲しい別れを経験した子どもたちが2000名近くいます。孤児院であるお寺にも経済的な余裕などありません。食事は朝と夜だけで、昼食はなしです。夕食はお粥一杯と、魚一切れだけで、どの子もお皿をなめるようにして食べています。子どもたちと一緒に寝泊りした私が、胸をつかれる思いをしたのは、眠るときです。お寺の境内を走り回る昼間の子どもらしい顔とは打って変わって、眠るときにはどの子も一様に悲しい表情をしています。

フィリピンやカンボジアのゴミ捨て場の子どもたちは、いつ死ぬかもわからないという悲惨な環境にもかかわらず、まだ明るい顔をしていました。どんなに苦しい状況でも、家に帰ればお父さんお母さんがいる。それだけで、子どもにとっては心の安定が得られるのです。

この孤児院では最低限食べることもできますし、勉強もできます。しかし、悲しい顔です。それは当然のことです。親に甘えることができないからです。5歳くらいの子が不安や悲しみ、つらさに耐えながら、眠れずに背中を丸めてがたがた震えている姿を見ると、せつなさで胸が詰まるばかりでした。

寂しい笑顔で売られていく少女たち

今お話したタイの山岳民族は、タイ北部のラオス、ミャンマーとの国境地域に暮らしています。「ゴールデン・トライアングル」と呼ばれたかつての麻薬地帯です。私は10年以上にわたってこの地域を訪れては、山岳民族の調査をしています。ひと口に山岳民族といってもモン族やカレン族、アカ族など多様です。それぞれの民族衣装もあでやかで、目を奪われるすばらしさです。村を歩いていても、人々はやさしい微笑を返してくれます。最初の頃は、貧しくとも平和なんだなと思っていましたが、調べるにつれ、深刻な貧しさの実態がわかってきました。

貧しさは、まず弱者を犠牲にします。お年寄り、障害を抱えた方、子どもなどが一番にやられてしまいます。病院に行くこともできず、食べ物も少ないために深刻な栄養障害を持っている子どもも大勢います。中でも目立つのが、お腹が異様にふくれあがっている子どもたちです。ご飯をいっぱい食べたからふくれたのではありません。食べ物がろくになくて食べられずにいると、お腹の中にガスがたまり、ふくれあがってくるのです。つまり栄養失調です。お腹だけがふくれあがり、やがてやせ衰えて死んでいきます。

もっと悲しい現実も知りました。このあたりの人々は1年間で日本円にして5万円、多くて8万円くらいしか収入がありません。ほとんど農業で暮らしていますが、4月から9月の雨季には山がドロドロになり、畑にも入れません。乏しいお金を使い果たし、食べ物も食べつくしてしまい、餓死するほど追い詰められていきます。すると、家族を助けるため、親を守るために、少女たちが犠牲になります。女の子たちが、家族のため、親のために売られていくのです。12~13歳、女の子の体が少女から女性に変わる頃に売られます。日本で言えばまだ小学6年生か中学1年生です。

ゴールデン・トライアングルの一角、タイのチェンラーイに住む山岳民族の少女たち。色鮮やかな衣装はとても美しい

この本の冒頭でお話したネパールの少女たちと同じです。アジアのいろいろな子どもたちの問題に関わっていて、一番胸の痛い思いをさせられるのが、このようにして子どもが売られていくことです。少女たちはまだ性の意味さえ知りません。ただ、自分が何をするために売られていくのかは

気づいています。売春婦です。女性にとって最もつらく最も苦しいことを無理やりに強いられることをわかっているのです。

でも、この子たちは「お父さんやお母さんのためだから、しかたありません」と寂しく悲しそうに笑います。この話を日本ですると、みんな驚いて「なぜ親のために子どもが売られていくのか」と言います。今の日本では親が子どもの面倒をみるのが当たり前になっていますが、それは日本の常識に過ぎません。子どもが親のために尽くすことが当然と思っている国のほうが圧倒的に多いのです。

売られていった少女たちはバンコクなどの都会へ連れて行かれ、毎日客をとらされます。そして、ネパールの女性と同じようにエイズに感染することも多いのです。そうなって初めて生まれ故郷の村へ帰されますが、ひどい仕打ちをされるのもネパールの場合と同じです。つい最近までエイズ教育がなされていないこともあり、村人たちは、エイズは空気で感染すると思っていたそうです。そして、エイズが発病してボロボロになった娘たちが町から帰ってくると、小屋の中に閉じ込めたのです。中にはトイレもありません。一歩も外に出さず、排便も小屋の中でやらされました。

お父さん、お母さん、そして家族のことを思い、売られていった少女たち。何の罪もない娘たちが20歳になるかならないうちに、このような悲しい状況で死んでいくのです。

信じられないかもしれませんが、この地方では少女が20万円くらいで売られています。カンボジアでは15万円、ネパールはもっと安くて8万円、田舎に行くと50ドル、わずか４００円程度です。人が人を売る。こんなことが同じアジア、私たちのごく近い国でまだ行われているのです。貧しさのため、親や家族の犠牲になって寂しい笑顔で売られていき、心の中で泣いている少女たち……。本当に悲しい現実です。

このように、私はたくさんの子どもたちに出会いました。想像を絶する悲惨で劣悪な環境の中、懸命に生き抜いていました。今までお話してきたのは、そのほんの一例に過ぎません。私が出会い、驚き、圧倒され、そして教えられてきた子どもたちをすべて語るとなると、いくら紙数があっても足りません。

次章では、そんな子どもたちに対し、私たちが行ってきた支援活動についてお話していきたいと思います。

第2章
どん底の生活に希望の光を注ぐ活動

親と離ればなれになって施設で暮らす子どもたち（タイ・アユタヤ）

アジアの途上国への1000件を超える支援事業

前章でお話したように、私は個人として1人でアジア途上国を訪ねては、貧しい子どもたちと交流したり、ささやかなプレゼントをしたりしていました。

そんな個人活動を一生続けていくつもりでしたが、私が住んでいた沖縄で、アジア途上国の現状を伝える映像を見てもらい、話を聞いてもらううちに、「団体として支援活動をしよう」という声があがり、1999年に「NGO沖縄」を創設しました。この団体が「NGO沖縄チャイルドサポート」となり、現在では「NPO法人アジアチャイルドサポート」という名称になっています。

団体化して、ついに10年を超えました。この間行った支援事業は、カンボジア、ミャンマー、タイ、モンゴル、スリランカ、ネパールのアジア6ヵ国、日本での事業も加えると1000件以上にも及びます。このうちの大半は現在も継続して行われています。

途上国20万の人たちを支え続けている私たちの活動は、他の同じような国際支援団体に比べても、一歩もひけをとらないと自負していますが、私が本当に胸を張れるのは、私たちの団体が発足当初から現在まで、国や地方自治体などから1円の助成金を受けることもなく、すべて会員の方々の会費や皆さんの募金などで行っていることです。１人１人の善意が大きな力となる実践例です。予算が1億円を超える大型の団体では非常に珍しいことでしょう。

これまで実践してきた支援活動をすべてご紹介したいのですが、それだけで数冊の本が必要になってしまいます。そこでこの章では、そのうち主なものを選んでお話ししたいと思います。

そのどれもが、貧しい途上国の中でも最も貧しく苦しい、どん底に生きている人たちに対する支援です。経済大国日本にいたのでは想像もできない状況の中、大人も子どもも人間らしい暮らしを求めて懸命になっています。その姿に心を動かされ、支援活動を行っているのですが、活動を続ければ続けるほど、逆に教えられるものが多くなります。

アジア途上国の人たちを支援活動によって支えながら、実は現在の日本人にとって大切なことを教えられているのです。その教えられたことを日本に伝える。そういう橋を架けているのだと、活動を始めて20年を経た今、つくづく実感しています。

勉強がしたいのに学校がないという現実

前章でカンボジア・プノンペン郊外のゴミ捨て場ステンミエンチャイのお話をしました。ご存知の方も多いと思いますが、世界遺産アンコールワットで知られるカンボジアは、長い歴史とクメール王朝の伝統文化を持つ国です。ところがカンボジアはベトナム戦争に巻き込まれ、その戦争が終わった1970年代後半、今度は内戦状態が続きました。ポル・ポト政権によるすさまじい大虐殺によって、800万の国民のうち、200万人が殺されたと言われています。

内戦のあとに残ったのは、荒れ果てた国土と、その日の食糧もない人々が生きる多くのスラム街でした。ステンミエンチャイのゴミ捨て場もそのひとつです。しかし、カンボジア政府とプノンペン市は、復興の名のもとにステンミエンチャイや王宮近くのスラムで暮らす人々を荒野の真ん中に移住させる計画を立て、実行しはじめました。その移住場所は、センソックと呼ばれる地域です。

私たちが初めてこのセンソックの町を訪ねたのは1999年でした。プノンペ

多くの小屋が建ち並ぶセンソックの通り

ン市街から約20キロ、乾季には土煙が舞いあがり、雨季には道が泥沼になって車も入れない荒野につくられた町です。町とは言っても、ブルーシートやヤシの葉で囲われただけの小屋が並んでいるという状態でした。そこにスラムから移住させられた3万人以上の人たちが住んでいましたが、新たなスラムが無理やりにつくられたようなものです。

カンボジア難民として8歳から18歳まで日本で暮らしていた現地パートナーから、「あの地域にはちゃんとした学校がなくて困っています」と聞き、現地調査に入りました。

現地は、赤土の砂埃が舞いあがる、す

さまじいとしか言いようがない地域で、「ここは非常に危ないから、絶対に1人では歩かないでください」とカンボジア人の支援パートナーから強く注意されるほどでした。

「このような危ないところに学校を建設できるのだろうか」と不安を感じました。多くの人々の浄財で学校を建てるのだから、「万が一にも完成できなかったらどうしよう。完成しても本当に教育施設として機能するだろうか」と心配になり、やめようかとも考えました。

そんな思いの中、車から降りて調査をしているとき、7名の子どもたちと会いました。女の子が5名、男の子が2人で、みんな8歳から12歳ぐらいの子どもたちです。ボロボロの服装で、シャツを着ているのはまだいいほうで、上半身裸の少女もいました。痩せた体とは対照的に笑顔いっぱいの子どもたちで、すぐに仲良くなって、私たちに歌まで唄ってくれました。

一番年長と思われる12歳ぐらいの少女に「学校には行ってないのか?」と聞くと、「勉強したいけど、ここには学校はないの。だから、みんな学校には行っていません」と答えてくれました。この言葉でセンソック地区に学校を建設することを決定しました。

過激な妨害にも屈することなく学校を建設する

学校建設を決定したものの、実際に建設作業にかかると、これがとんでもなく難航しました。もちろん私が工事をするわけではありません。カンボジアでも有名な建築会社に施工管理を頼みました。その建築責任者から、ひっきりなしに深刻な状態が報告され、一時は建築をあきらめかけたこともありました。

長い内戦や大虐殺を経験した当時のカンボジアでは、人心は荒廃し、治安も悪く、各地で銃器による犯罪も頻繁に起きていました。

ましてや学校建設を始めたセンソック地区に住むのは、ゴミ捨て場やスラム街から行政によって移住させられた人々です。カンボジア・プノンペンの中でも最も貧しい人々の集まる地域です。暴力事件も多発し、銃を隠し持っている人もいるほどでした。行政やよそ者に対する不信感も根づいていました。

実際に建築会社の社員たちが暴力を受ける事件や発砲騒ぎまでありました。建築資材がすべて盗まれたことも、放火事件も起きました。「学校を建てるのは無理かな」と弱気になること

(左)国際支援をして初めて完成した学校・「沖縄学校」と生徒、関係者の皆さん
(上)「沖縄学校」で一生懸命に勉強をする生徒たち

もありましたが、あきらめるわけにはいきません。カンボジアのパートナーと話し合い、センソックの住民の皆さんを100名近く作業員として、他の工事現場より高い賃金で雇いました。そして、雇った皆さんに「センソックの子どもたちの学校です。どうか皆さんで、この学校を守ってください。みんなで建設しましょう」と訴えました。すると見事に上手くいきました。それ以来、事件や妨害は一切起きなくなったのです。

そして、2002年5月17日に学校は完成し、その式典が盛大に

行われました。最初の頃は不信感でいっぱいだったセンソック地区の人々も、完成した校舎を見て大喜びでした。完成式典には8000名を超える皆さんがいらしてくれました。当時のプノンペン市長や在カンボジア日本大使も出席し、盛大に行われました。

式典会場へ私が着いたときのことです。軍服の兵士などが150名ぐらい銃を持って式典会場を取り囲むように立っていました。装甲車も配備されています。兵士に「おめでたい日に何をしているの?」と聞くと、「あんたたちを守っているのだ」と真剣な表情で言われました。地元との信頼関係ができていたにもかかわらず、まだ暴動の可能性があったのです。プノンペン市側も何かあったら困るとの判断で軍や警察を配備したようです。

式典を終えた翌日から、すぐに授業が始まりました。全員が小学校1年生からスタートです。中には15歳ぐらいの少年もいます。小さな子も大きな子も一緒です。授業が始まると全員、ピクリともせずに教壇の先生を見つめていました。教室があって、机と椅子があり、黒板もある。日本の子どもたちには当たり前のことが、ここの子どもたちには奇跡のようなことなのです。「勉強ができる」と純粋に喜んでいる子どもたちを見て、学校をつくってよかったと、しみじみ思いました。

私たちが建設した校舎が先駆けとなり、その後、イギリス、イタリア、インドなどの国際協力団体が次々に校舎を建てはじめ、今では3000名もの子どもたちが通うカンボジアで最も大きな小学校になっています。規模だけではなく、2007年の報告ではカンボジア全土の小学校の中で、学力が第7位になったとのことです。うれしい知らせでした。この学校から将来のカンボジアを担う人材が育ってくれることを心から願っています。

永遠に除去できない地雷がもたらす悲劇

先ほども少しお話したように、カンボジアは20年余りも戦火が絶えませんでした。戦争の後遺症の悲劇は今なお続いており、その象徴が地雷です。カンボジアには地雷が６００万個も埋められたままで、毎年多くの人々が地雷を踏んで負傷し、ときには命を失っています。

戦争が終わって徐々にカンボジア経済も復興し、外国人観光客も増えてきています。日本人の若い旅行者も目立ち、種々のガイドブックも出ています。たとえば、あるガイドブックに注意事項としてこう書かれています。

「地雷：都市部やおもな観光地は撤去が完了しているが、少しはずれるとまだ多くの地雷が残っている。危険地帯には、ドクロの絵に「Danger Mines（地雷危険）」と描かれた看板や赤ペンキで塗られた木が目印として立てられているので、絶対に近づかないこと」（『地球の歩き方・カンボジアとアンコールワット』ダイヤモンド・ビッグ社刊）

まさにその通りなのですが、私たちが活動を行う拠点のひとつがタイ国境沿いのポイペットという激戦地だった地域で、今でも地雷がかなり残っており、住民の皆さんの地雷被害はあとを絶たない状況でした。このポイペットで私たちは医療援助を行っています。

地雷にはいくつもの種類があり、厄介なのはプラスティックでできたものです。地雷ですから土の中に埋められているのですが、雨季になると、この地域は水浸しになります。そうすると、プラスティック製の地雷が土中から浮いてきて、泥とともにあちこちへ流れていきます。そして乾季には、また土の中に埋まってしまいます。こういう地雷は、小さなものでは200円から400円程度でつくれます。しかし、それを取り除くには1個あたり1000ドル、約8万円もかかるのです。

日本人はよく言います。「地雷除去なんて簡単でしょう？　道路工事で使う重機やブルドーザーで一気につぶしていけばいいじゃないですか」と。そんなものじゃないのです。車が通れるような大きな道には、地雷はもうほとんどありません。たとえ細い道に無理にブルドーザーを入れたとしても、雨季にはブルドーザーが埋まってしまうほど雨が降り、役に立ちません。結局、人間が入っていって、1個ずつ取り除くしかないのですが、カンボジア全土で600万個もの地雷が埋もれたままです。完全撤去には何百年もの時間と莫大な費用がかかります。事実上、不可能なことと言わざるをえません。

では、どんなところに地雷が多く埋まっているかと言えば、畑の中や藪の中が多いのです。

この地域には電気もガスもなく、燃料は薪です。その薪を採るのは子どもの仕事。藪の中に入って薪を拾っているうち、地雷を踏む。この痛ましい悲劇があとを絶ちません。

いつも遊んでいる家の庭も安心できません。たとえばある家では、雨季に流れ着いた地雷が庭に埋もれてしまいました。それを知らずに遊んでいた2人の子どもたちが犠牲になりました。10歳の少女は鉄の破片が胸や左腕に突き刺さりました。顔も血だらけです。手術をして傷は治りましたが、醜い傷跡が胸にも顔にも残ってしまいました。

5歳の少年は顔の見分けがつかないほどのひどい怪我で、鼻はつぶれ、目もやられました。

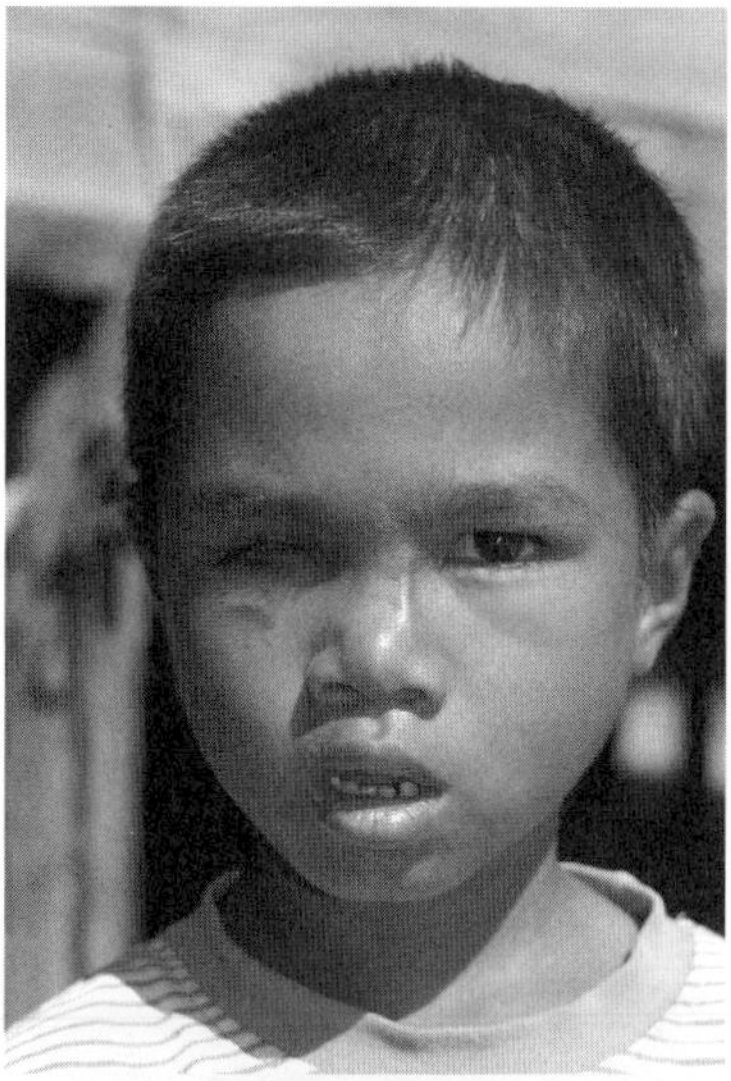

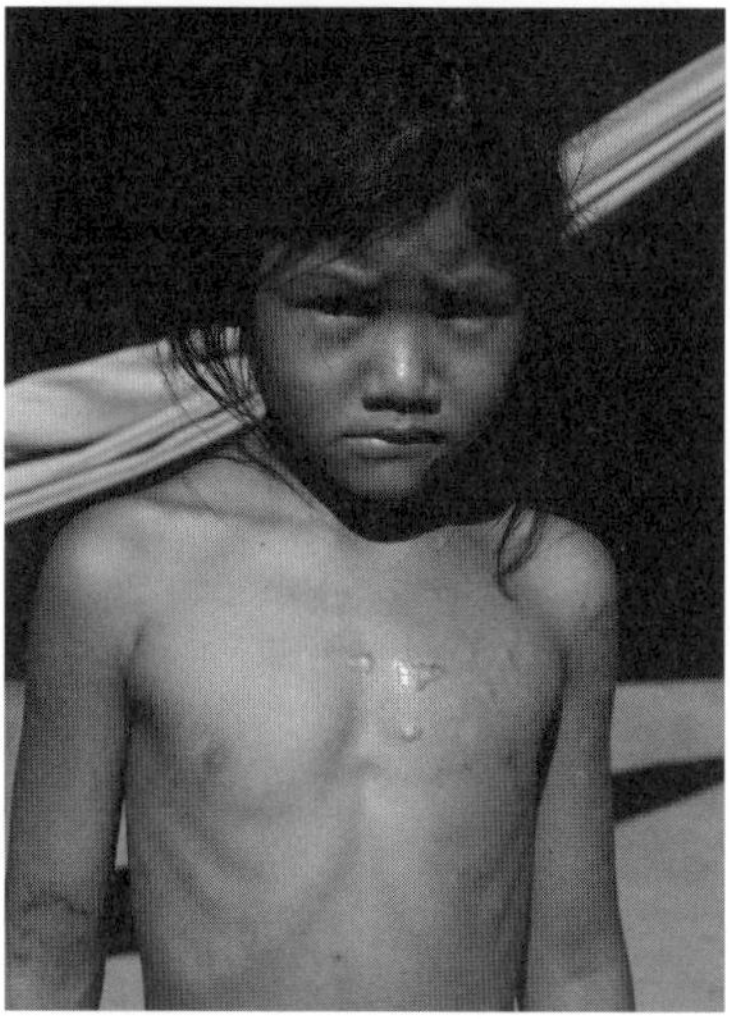

(上)地雷によって片目を失ってしまった5歳の少年
(下)顔や体に傷を負い、胸に傷跡が残ってしまった10歳の少女

私たちの緊急援助で手術を受けましたが、残念ながら右目は眼球ごとえぐられてしまいました。光を取り戻すことは、もうできません。

地雷が怖いのは、相手を選ばないことです。お年寄りだろうと、小さな子どもだろうと踏んだら悲惨な目に遭います。あるお年寄りが農作業中に地雷を踏み、左脚を失いました。15年前のことです。その7年後、8歳の孫娘がやはり左脚を失いました。こんな悲劇が果てしもなく続いているのです。

こういう話をしても、平和ボケの日本に住んでいると、なかなか理解されません。普段は日本に住む私も、もちろん地雷は怖いものです。村に入ってまず「このへんは地雷がありませんか?」と尋ねます。誰も「ある」とは言わず、「あるかもしれないので注意してください」とだけ答えます。その村人たちの足を見ると、3人に1人は足がない……。そんなところをカメラ片手に歩く。恥ずかしいことですが、まったく動けなくなり、モラしてしまいそうになります。それが本当の恐怖というものです。

障害を抱えながら生き抜く人間の強さを学ぶ

不運にも地雷を踏んで障害を負った人は、その後も別の傷を負うことになります。カンボジアを含んだアジアの仏教国では、障害者が差別され、いじめられることがよくあります。輪廻転生という仏教の考え方がありますが、生まれ変わりを信じている人が多く、本来の仏教の考え方とは間違ったとらえ方をしている方も多いのです。つまり、前世で悪いことをしたから、

カンボジアには、地雷によって大切な脚を奪われ、義足での生活を余儀なくされた子どもたちが数多くいる

今ひどい目に遭っているのだと考え、障害者の皆さんにつらく当たる方もいます。

また、これは戦争の後遺症のひとつでしょうが、人間同士の信頼関係も薄らいでいます。たとえば私たちは、地雷被害を受けた子どもたちのための奨学金や自転車の寄贈活動などを行っています。片足を失ったある子どもが学校に通えるように自転車援助の相談をしていると、その子の祖父が「孫娘に自転車を買ってあげるよりも、私に現金をくれ」と言うのです。本来のカンボジア人は決してそうではありません。他のアジア途上国の貧しい人たちと同じように、家族はもちろん、仲間たちが支え合って生きてきた民族です。大虐殺の頃、親子や友人の間でも殺戮が行われましたが、そんな影響がまだ残っているのでしょう。

地雷によって手足や顔などに障害を受けながら、さらに世間からの二重三重の差別やいじめという心の傷まで受けるというのは、実につらいものです。それに加え、不自由な体になってしまった人たちは、それまでの仕事ができなくなり、たちまち困窮した暮らしに陥ってしまいます。

私たちは地雷被害者などの障害者支援のために、農業センター、コミュニティセンターなどを建設し、援助を続けています。

そういう活動の中で私は、障害を抱えながらもたくましく生きるたくさんの人々に出会うこ

両手がなくても、見事に畑仕事をやってみせるエ・ジュワンさん（左）と、幸せそうなその家族（右）

とができました。そのうちの１人、エ・ジュアンさんの生き方には実に感動させられます。彼は元兵士で、26歳のとき、戦闘中に足を撃たれ、前のめりに両手をついて地面に倒れました。そこに地雷が埋められていたのです。意識を失い、気がついたときには両手がなくなっていました。

社会保障制度も何もない戦後カンボジアのような貧しい国で、両手を失っては仕事もなく、ほとんど生きるすべがありません。物乞いで生きるしかありません。しかし、エ・ジュアンさんは違いました。「たとえ両手がなくても、健康な人よりも、しっかりと生きてみせる」と固く自分に誓ったそうです。

そして、時間をかけながらも彼はみごとにそれをやり抜きました。彼は両手がなくても鍬が持てるように工夫し、畑を耕しはじめたのです。そうして作物を育て自活し、結婚もしました。3人の子どもにも恵まれ、そして、全員を成人まで育てあげました。農業だけでなく、彼は魚獲りもできます。手がなくても網が打てるように工夫したのです。

今、51歳。私より少し若いですが、ほぼ同年代です。私たちの施設によく訪れてくれますが、いつも前向きで明るい。これまで大変な苦労をしてきたと思いますが、彼は「必死になれば、何でもやれますよ」と笑うだけです。彼と会うたび、どんなことがあっても前向きに生きることの大切さを教えてもらっています。最も尊敬する人物の1人です。

学校という名のボロボロに朽ち果てた小屋

年配の方にはビルマの名で知られているミャンマーは、1988年に軍がクーデターによって全権を掌握し、軍政を敷きました。このミャンマーでもNPO法人アジアチャイルドサポートは、現地の支援パートナーとともに数多くの活動を行っています。

パヤイ村はミャンマーの田舎にあって、小船で数時間かけなければたどり着けない

ミャンマーの首都は現在ネピドーという中部地区にあります。これは２００６年２月に軍事政権がヤンゴンから強制的に移転したものですが、国民の誰もが今もヤンゴンを首都と見なしています。ミャンマーで一番大きな町、ヤンゴンの西にあるエヤワディー管区にパヤイ村があります。この村から「学校がボロボロになって、子どもたちが勉強できない。どうか助けてください」という連絡が入り、とにかく現地調査しようと訪れてみました。

ミャンマーに限りませんが、アジア途上国の田舎へ行くには、まず乗用車は使えません。通れる道がないのです。あってもドロドロで、途中でストップしますから、バイクや船を使うか、歩くしかありません。

パヤイ村へも小船で数時間か

けて、やっと到着しました。そこは原始生活そのままの村でした。船から降りると、目つきの鋭い男たちが数十名、私を囲んで睨みつけてきて、強い恐怖を感じました。何しろ、ここは勇敢さで知られるカレン族の村です。「皆さんは私を睨んでいますが、何を怒っているのですか?」と尋ねると、男たちは両手を合わせ、こう答えました。「違います。初めて外国人を見たので驚いて言葉が出ないのです」。つまり、私がこの村を訪ねた最初の外国人だったというわけです。

ボロボロの穴だらけで、とても学校とは思えないパヤイ村の学校（右）と、その中ですし詰め状態で学んでいるたくさんの子どもたち（上）

　人口約2000人で、村にも一応学校があるというので、連れて行ってもらうことにしました。村のはずれにニッパ椰子の葉で囲われた小屋があり、通りすぎようとすると、村人たちは立ち止まり、「これが学校です」と言いました。どう見ても家畜小屋としか思えません。椰子の葉の屋根や壁には無数の穴があき、まさにボロボロ。唯一、黒板だけが〝学校〟の証でした。こんな教室ですから雨漏りは当然で、6月から11月までの雨季には教室が水浸しになり、勉強できる状態ではないため、閉鎖せざるをえないのです。村長さんが深々と頭を下げ、私に訴えました。

「恥を忍んでお願いします。どうか、子どもたちが勉強できる学校をつくってください。村の子たちは勉強に強い意欲を持っており、何とかちゃんとした教育を受けさせたいのです。でも、私たちにはお金がなく、学校を建てることができません。初めてお会いした日本の方にお願いするしかないのです」

そう言ったかと思うと、村長さんは泣き出してしまったのです。

幼い弟や妹を連れて授業を受ける

村長さんが泣き出したのにはわけがあり、少し説明が必要です。ミャンマーでは日本とはまったく教育制度が異なっています。学校は国や県などの行政が建てるのではなく、各村の住民がお金を出し合って建て、完成すれば、そこへ国が教師を派遣するという制度です。このように貧しく現金収入もほとんどない村では、ちゃんとした学校をつくるというのは無理なことで、雨季になると半年近くも閉鎖されるボロ小屋を教室にするしかないのです。そんな状況を何とかしたいというのが村人の願いで、村長さんは初対面の私に土下座しかねないように泣

完成したパヤイ小学校（上）と、幼い兄弟を連れて通う生徒たち（下）

きながら頼んだわけです。

私はその場で、「わかりました。お子さんたちがちゃんと勉強できる学校をつくりましょう」と約束しました。すぐに調査と準備にかかり、2ヵ月後、ヤンゴンの建築会社と連携して工事に取りかかりました。

先ほども述べたように車の通れる道がありませんから、トラックで建築資材を運ぶことができません。小さな船にセメントや材木などを積んで運びましたが、ときには転覆してしまうこともありました。建設が始まると村では、子どもたちからおじいちゃん、おばあちゃんまで、村人総出で協力してくれました。

2005年3月、こうしてパヤイ小学校が完成しました。児童数150名でスタートしましたが、子どもたちは口々に「日本の皆さん、ありがとうございました」と、たどたどしい日本語で感謝の言葉を伝えてくれました。例の村長さんは何度も頭を下げながら、顔をクシャクシャにして、今度は喜びの涙。私たちにとってもー番うれしい瞬間でした。

このパヤイ小学校完成の噂が広まり、同じような状況にあるミャンマー各地から学校建設の依頼が殺到しました。それに応えようと私たちも懸命に努力し、現在までミャンマー国内だけで50を超える小学校を建設することができました。校舎建設だけでなく、机や椅子、学用品な

お姉さんの勉強を邪魔しないようじっと静かにしている弟

どの寄贈も継続して行っています。

できあがった各地の村の小学校を回りながら、私がいつも感心することがあります。子どもたちの両親は農作業のため畑で働いています。そのため、年上のお兄ちゃんやお姉ちゃんが下の弟や妹を学校に連れて来て、面倒を見ながら授業を受けるのです。実際にその様子を見学した私は驚いてしまいました。連れて来られた5歳ぐらいの少年が、お姉さんが6時間近く授業を受けているあいだ、居眠りもしなければお喋りもせずに、じっとお姉さんのそばで我慢しているのです。

それを見ながら思ったものです。昔の日本、といってもそんなに遠い話ではなく、私が幼い頃にも、同じような光景は珍しくありませんでした。

しかし、現在の日本でこんな姿はまず見られないでしょう。学級崩壊などという言葉が平気で口にされています。耐えること、辛抱すること、そういう大切な教育の原点を、アジア途上国の子どもたちが身をもって教えてくれているような気がします。

命につながる清潔で安全な飲み水

電気、ガス、水道など生活に不可欠なもの、つまりライフラインの中でも、最も大事なのが水です。人間が生きるために絶対に欠かせない安全な飲み水。日本だと水道の蛇口をひねると安全できれいな水が出てきますから、水のありがたささえも感じない毎日を生きています。

ミャンマーのエヤワディー管区の学校を回っていたときでした。ある学校で「飲み水はどうしているのですか?」と尋ねてみました。見せてくれたのが大きな水がめです。水道などありませんから、雨季に降る雨を水がめに溜め、この水を飲むわけです。学校に限らず家庭でも同じです。かめの中の水は濁り、ボウフラがわいていました。

「これを飲料水に?」と驚いてしまいましたが、雨水だからまだいいのです。雨の降らない乾季になると、かめは空っぽになります。水がないと生きていけません。どうするのかというと、川の水を汲んで飲むのです。熱帯アジアは赤土で、川も赤茶色の泥の川です。病原菌や細菌だらけで、当然ながら水を媒介とする感染病、たとえば腸チフスや赤痢、コレラが発生しやすく、抵抗力の弱い子どもやお年寄りをはじめ、数多くの命が毎年のように奪われています。

そんな実態を知った私たちは、この地域の人々に安全な飲み水を提供したいと考え、井戸を掘ることにしました。２００メートルほど掘り下げ、ガソリンエンジンで水を汲みあげる本格的な井戸です。最初に井戸の水が出たとき、子どもたちはもう大騒ぎでした。「こんな透明できれいな水は、初めて見た！」と、群がるように蛇口に集まってきて、頭から水を浴びて喜んでいました。

子どもたちだけではありません。お母さんたちも大喜びです。それまで、水がめを頭に乗せ、川まで歩いて水を汲むという仕事をしていたのはお母さんたちです。こうした大変な重労働から解放されたお母さんたちも、「本当にありがとう、ありがとう」と何度も感謝の言葉を言ってくれました。

小学校建設のときと同じように、この井戸掘りもまたたくまに各地に噂が広まり、「どうかうちの村にも」という依頼が次々に舞い込んできました。本格的な井戸をつくるにはかなりの費用がかかります。資金集めが大変ですが、村人たちの喜びの顔が見たくて、私たちも頑張り

完成した井戸のまわりで喜ぶ子どもたちと村の人々

ました。

こうして、この地域だけでも５００基以上（２０１１年8月現在）の井戸をつくりました。それまでの雨水や川の水と違った清潔で安全な水ですから、水によってかかる病気が目に見えて減ってきました。ある村では、乳幼児の死亡率が10分の１にまで下がったと、現地からの連絡もありました。その報告を受けたとき、「水は本当に命に直結するんだ。私たちは多くの命を支えているんだ」と実感したものです。

日本の子どもたちが支える井戸づくり

私たちがつくった井戸は、ミャンマー、カンボジア、ネパールで６００基以上になり、その井戸から出てくる水により20万近くの人々の命が支えられています。それらの井戸の半数近くに日本の学校の名前が刻まれています。

前にもお話ししたように、私は小学校から高校まで全国の学校に招かれて講演をしています。講演会では映像を見てもらって実情を話すだけで、「募金をしてください」などとはひと言も口にしません。日本の子どもたちがアジア途上国の実態を知ることで視野を広げ、自分自身を

（上）場所によっては大型の井戸も建設している
（下）井戸のプレートには、協力してくれた日本の学校の名前が刻まれている

見つめ直してほしい。その思いから講演に回っているだけです。しかし、私から募金のことをまったく言わないにもかかわらず、講演を聴いた子どもたちが動くのです。「僕らも少しでも役に立ちたい」と立ちあがるのです。そうした日本の子どもたちの心を伝えるため、井戸が1つ完成するたびに、学校の名前をプレートに刻んでいるのです。

井戸を掘るときに大切なのは、水質と砒素の検査です。人間の飲み水として安全なのかをチェックすることが大事です。これまでつくってきた井戸から、砒素中毒などの事故は1件も報告されていません。私たちが建設してきた井戸の中には、建設費が２００万円、３００万円と、通常よりはるかに高くかかった例もあります。これは、井戸をつくることが大事なのではなく、安全な飲み水を確保することが大事だからです。命を支える水だからこそ慎重に行う必要があるのです。

ガソリンエンジンで水を汲み出す大型井戸の建設には、さらに管理システムを村人たちと話し合います。５００～６００世帯の村からの建設依頼が多いのですが、そのときには村長をはじめとする村の有力者の皆さんと会議を行います。そして一世帯当たり月額１００円程度の井戸使用料を徴収することを決定し、そして、集金係や井戸の管理責任者も決めてもらいます。集めたお金で燃料費や修理代などのランニングコストを出していくシステムをつくります。

こういうシステムをつくることで、村の人たちは井戸を本当に自分たちのもの、お互いの命を支えるものとして、ずっと大切に使ってくれることになります。私たちにとっては、それが何よりうれしいことです。

貧困にあえぐ人々への支援に終わりはない

前章でモンゴル・ウランバートルのマンホール・チルドレンについてお話しました。親に見捨てられた子どもたち同士が、マンホールに住みながらたくましく生きる姿をご紹介しましたが、そのたくましさの陰には、想像を絶するようなつらく苦しい思いがあります。

ことに悲惨なのは女の子です。マンホール・チルドレンには女の子もたくさんいますが、男の子よりもずっとつらい目に遭っています。性的暴力により体も心もズタズタにされた少女たちもたくさんいます。マンホールに住んでいた14歳の少女が描いた絵を見たことがあります。妊娠した裸の女性が横たわり、まわりにはそれを見たくないと両目を手で覆う顔や、涙を流す悲しい目が描かれていました。看護師の顔がぐちゃぐちゃに塗りつぶされています。この絵を描いた少女がいったいどんな目に遭ったのか、あえて尋ねはしませんでしたが、誰にも想像がつきます。

こんな子どもたちの話を、日本の企業などでするとよく質問を受けます。「なぜモンゴル政府は自分の国の子どもを助けないんだ。カンボジアやフィリピンの政府は自分の国の子どもが可愛いくないのか」。義憤にかられたような質問で、もっともだと思います。しかし、これは豊かな日本人の視点です。

アジア途上国はどこも、国自体にお金がありません。モンゴルなどは政治上の混乱が経済を疲弊させ、公務員に給料を払えない状態もありました。年配の方なら、太平洋戦争敗戦後の日本の状態を覚えていらっしゃることでしょう。極度の荒廃の中、まず電気や水道、道路などの社会基盤を整備し、国民に最低限の食糧を供給するところから出発しなければなりませんでし

モンゴルにつくった音楽学校

た。途上国も同じです。社会基盤を整え、公務員の給料も払い、さらに福祉に目を向けて貧しい人や、障害者、子どもを救済するという方向を目指しているのです。

モンゴル政府もようやく危機的な状況を脱し、経済的にも立ち直ってきました。マンホール・チルドレンの存在にも目を向け、このような子どもたちの保護施設を徐々につくっていきました。おかげで、マンホールで暮らす子はどんどん減っていき、現在ではほとんど見当たりません、やっと希望の光が見えてきたのです。

私たちも１９９９年からマンホール・チルドレン問題や児童保護支援に奔走しました。学校建設、モンゴル警察児童収容施設改修工事、児童保護施設2棟建設、マンションを3棟購入して児童施設や学習センターを開所、モンゴル第二の都市・ダルハン市では児童保護施設を運営し、約5年間にわたり子どもたちを守ってきました。運営費や車両などの備品購入費などを入れると５０００万円近くの支援を行ってきましたが、２００７年の４月に児童保護運動は終了しました。現地から「自分たちで運営を行いたい」との申し出もあり、これまで投入した施設や学校、車両などの備品を子どもたちだけのために使うという契約を交わし、すべて現地に無償で贈与しました。しっかりと運営してくれるのを心から願っています。

モンゴルの大草原の中での暮らしは大変厳しいが、そこに暮らす人々の心は素朴で温かい

女性に課せられるのは出産と労働

私たちのさまざまな支援活動のうち、最も新しいのが本書のまえがきで取りあげたネパールです。10代前半の少女期に売られて売春を強制され、エイズにかかって故郷に送還されるという、人間として言葉にできないほど絶望的な状況に追い込まれた女性たち。故郷を追われてめぐり会い、肩を寄せ合うように支え合い、立ちあがった彼女たちを支援する活動を始めたことはすでにお話しました。

ネパールは自然の美しい国です。首都カトマンズには世界遺産がいくつもあり、しかもそこで人々が日常生活を営んでいる、まるで中世の都市のような町です。観光旅行で訪れるなら、こんなすばらしい町はめったにありません。しかし、その美しい自然に恵まれた国で少女の人身売買が横行し、悲しい思いを抱えている女性がたくさんいるのです。ネパールにおける人身売買については、専門家による調査研究もすでにかなり発表されています。それらの中に、たとえばこんな記述があります。

「なぜこれほど多くの娘たちが、いとも簡単に少女人身売買の犠牲になってしまうのか。ネパールは国連の指定する世界最貧国のひとつで、娘たちに選択の余地を与えない貧困は、恐らく最も大きな要因であろう。また、ネパールでは、国教とするヒンドゥー教の教えから、人の運命は生まれる前から決められていると信じられているが、このような運命論からの諦観も影響しているかも知れない。しかし、多大な利益をもたらす産業にまで発展した少女人身売買の根底にあるものは、ネパールが圧倒的に男性優位の社会だということではないだろうか。古くマヌ法典の時代から、女性を男性の従属物としてきた女性蔑視の思想がヒンドゥー社会にはいまだに深く浸透している」（社団法人日本ネパール協会編『ネパールを知るための60章』明石書店刊）

長い引用になりましたが、ネパール女性たちの置かれている状況、その中で立ちあがった女性たちの勇気がご理解いただけると思います。この引用文にもあるように、ネパールでは女性蔑視の考え方が伝統的に根づいています。「女はモノ」という風潮のもと、この国に生まれた女性に課せられるのは、子どもを産むことと、一生涯働きづめに働くこと、それだけです。その結果を端的に示すデータがあります。

日本人は男女ともに世界長寿国のトップレベルにあり、とくに女性はもう何年も世界一が続いていることはご承知の通りです。そして日本に限らず、世界のほとんどの国で女性のほうが

ネパールの、とくに田舎の地方では、女の子は幼いときから1日中ひたすら家の仕事をさせられることが多い

男性より平均寿命が長いこともご承知でしょう。生物学的にそれが自然なのです。ところが、このネパールは10年ほど前まで、女性の平均寿命が男性より短い、つまり女性のほうが早く亡くなっていたのです。

ネパールからの支援要請を受けて私たちは調査に入りましたが、人々の貧しさは目を覆うばかりでした。

徹底した男尊女卑の思想から来る性差別は深刻で、劣悪な環境の中で生きている女性もかなりいます。とくにそれは田舎に行くほどひどく、胸が痛むばかりでした。そこで私たちは、女性の自立支援プロジェクトを中心として活動を始めたのです。

ネパールの女性たちを救うバイオコンロの普及

先ほども述べたようにネパールでは、「女は結婚して子どもを産み、家事をして農作業をするのが仕事。教育など必要がない」と考える親も多いのです。今も地方ほどこの考え方が根強く、女の子として生まれると幼いときから働きづめです。

ネパールの田舎には電気もガスもなく、燃料に使うのは薪です。その薪集めを幼い女の子がやらされています。野山を2時間も3時間も歩いて重い薪の束をかついでくるという重労働のうえ、帰ってくれば、今度はそれを使っての食事づくりです。朝から晩まで家事をやらされ、学校へ行く時間などとてもありません。

そして、この食事づくりが実に大変なのです。窓もなく、閉め切った狭い家の台所で薪を燃やす。当然、煙が充満します。女の子たちは目をやられ、やがて肺をやられてしまいます。目が見えなくなったり、肺の病気にかかって若くして死ぬ女性があとを絶ちません。女性の平均寿命が男性より短いのも当たり前です。

そんな状況を何とかできないかと考えたのが「バイオコンロ」です。仕組みを簡単に説明しますと、まず家のトイレの横にタンクをつくります。そこに牛や山羊など家畜の糞を入れます。水を加えてかき混ぜ、ドロドロの状態にしたあと、下の貯水タンクに流し込みます。そうして半年もたつと、人糞や家畜の糞が混ざったものが腐って発酵し、メタンガスやブタンガスが発生します。

そのガスを台所まで配管で引っ張っていけばコンロに火がつき、燃料として使えるのです。このバイオコンロが各家庭に入れば、幼い女の子が薪拾いに行ったり、煙の害で病気にかからずにすみます。そして、学校にも通えます。私たちは、このバイオコンロを家庭に設置するかわりに、お父さんお母さんに「女の子たちを学校へ行かせてください」とお願いしています。

重労働の薪拾いをしなくても、コンロの燃料として使えるバイオコンロ

これとは別の話ですが、多くの女性や子どもたちが働くレンガ工場が、カトマンズにあります。暑くて

ネパールのレンガ工場では、女性たちが重いレンガを運ぶ重労働を行っている

粉塵が立ち込める中、１個１キロもあるレンガを40個も背負って女性が運ぶのです。男でも耐えられないような苛酷な労働に黙々と取り組んでいますが、中には腰を痛めて動けなくなった女性もいます。また、信じられないほど幼い女の子も、朝から晩まで懸命にレンガを運んでいます。

日本なら社会問題になってしまうでしょうが、それが「ネパールの女の宿命」とされているのです。こんな状況も何とか変えたいと願い、私たちは現地の団体と提携し、女性のための職業訓練支援を開始しました。パソコンをはじめ、いろいろな技術を身につけることを通して、ネパールの女性たち自身が自立できる能力を高め、それがやがて女性の地位向上につながるはずです。

学校にも通えず劣悪な環境の中で生きる少年（ミャンマー・エヤワディー管区）

第3章
49%のためらいと51%の勇気

すべては自分の目で確かめてから始まる

　前章で私たちの国際支援活動についてお話ししましたが、それはほんの一部です。私たちの団体には、毎日のようにいろいろな国からたくさんの情報や援助依頼が入ってきます。深刻な要請だと判断しても、すべての支援を行えるわけではありません。私たちの活動は会員の皆さんや多くの日本人の善意に支えられています。真心のこもった浄財を1円たりとも無駄に使うことはできません。「必要な場所で必要なものを」という私たちの理念に基づき、慎重に援助先と支援内容を決定しています。

　支援を決定する前には、まず私自身が現地に行って自分の目で確かめます。カメラマンの習性でもあるのでしょう。前章でお話しした事例もすべて、私が現地に行き、人々と会って話したうえで、これは何としても援助する必要があると判断したものばかりです。

「ミャンマーの奥深い森に多くのハンセン病患者たちが閉じ込められて、悲惨な暮らしをしている」という情報が入ってきたのは、2003年のことでした。

　すぐに現地へと飛び、調査に入りました。あとになってわかったことですが、もし私たちの訪問が半年遅れていれば、多くの皆さんが亡くなっていたかもしれない、そんな危機的な状況だったのです。

マラリアの森に隔離されたハンセン病患者

私たちが目指したのはマヤンチャウンという名の森です。ヤンゴンから車で3時間走り、そこから道なき道をバイクや牛に乗り継いで行きました。むき出しの赤土の片側が絶壁で、ひとつ間違えば転落して大怪我をしてしまいます。

ようやくたどり着いたマヤンチャウンの森は、マラリアで多くの人が亡くなった森です。そこに病気と差別に苦しむ人々、２０００名近くが暮らしていました。１００名近くの元ハンセン病患者の皆さんが住む集団住宅もありました。その住まいは、屋根には穴が開き、壁は崩れかけていました。穴の開いた天井から太陽の直射日光が照りつけ、部屋の中は40℃を超える暑さです。

いろいろな現場を見てきた私ですが、その部屋に入ったときは、驚きのあまり声を失ってしまいました。目の見えなくなった人や、手足が切断された人、指がすべてなくなった人、骸骨

マヤンチャウンのハンセン病施設では、多くの患者さんが苦しんでいた

のようにやせ衰えた人も……。どの人も生きる希望など失ったように、私たちをぼんやりと見あげるだけです。

「これでは早く死んでくれと言っているようなものじゃないか！」

私は激しい憤りを感じざるをえませんでした。食料もなく泥水を飲み、やっと生きながらえている人々を見て、即座に援助を決定しました。まず必要なのは、飢え死に寸前の人たちに対する緊急の食糧援助で、大量の米などの食料を運び込みました。

続いて、集団住宅の改修です。屋根を直し、壁を補修し、水道もつけました。こうしているうち、それまで私たちの支援活動を、ただぼんやりと見ていた人々の表情に、明らかな変化があらわれてきたのです。隔離され、差別され、ただ無気力に死を迎えるためだけに生きていた人々に笑顔が戻ったのです。

「日本人が私たちを支えてくれる。これで自分たちは生きていくことができる」

そう言いながら、全員が声をあげて笑うようになりました。

今なお続くハンセン病患者への偏見と差別

ここで少しハンセン病について記しておきたいと思います。というのも、以前ほどではなくなったものの、この病気に対する偏見や差別が今なお世界で続いているからです。

ハンセン病は「らい菌」という病原体によって、体の末梢神経が麻痺し、皮膚に発疹する感染症です。症状はさまざまで、白い発疹があらわれるものから、瘤やしこりなどの大小の隆起が生じるケースもあります。病気が進行すると、神経の麻痺によって筋力が低下し、顔や手足が変形することもある病気です。

ハンセン病の病原菌であるらい菌の毒性は弱く、たとえ感染しても、ほとんどの人は体内の免疫システムが働くので、発病することはきわめて稀です。そのように感染力の弱い病気にもかかわらず、ハンセン病患者の方は外見が変形するため、人々から恐れられ、特定の施設や場

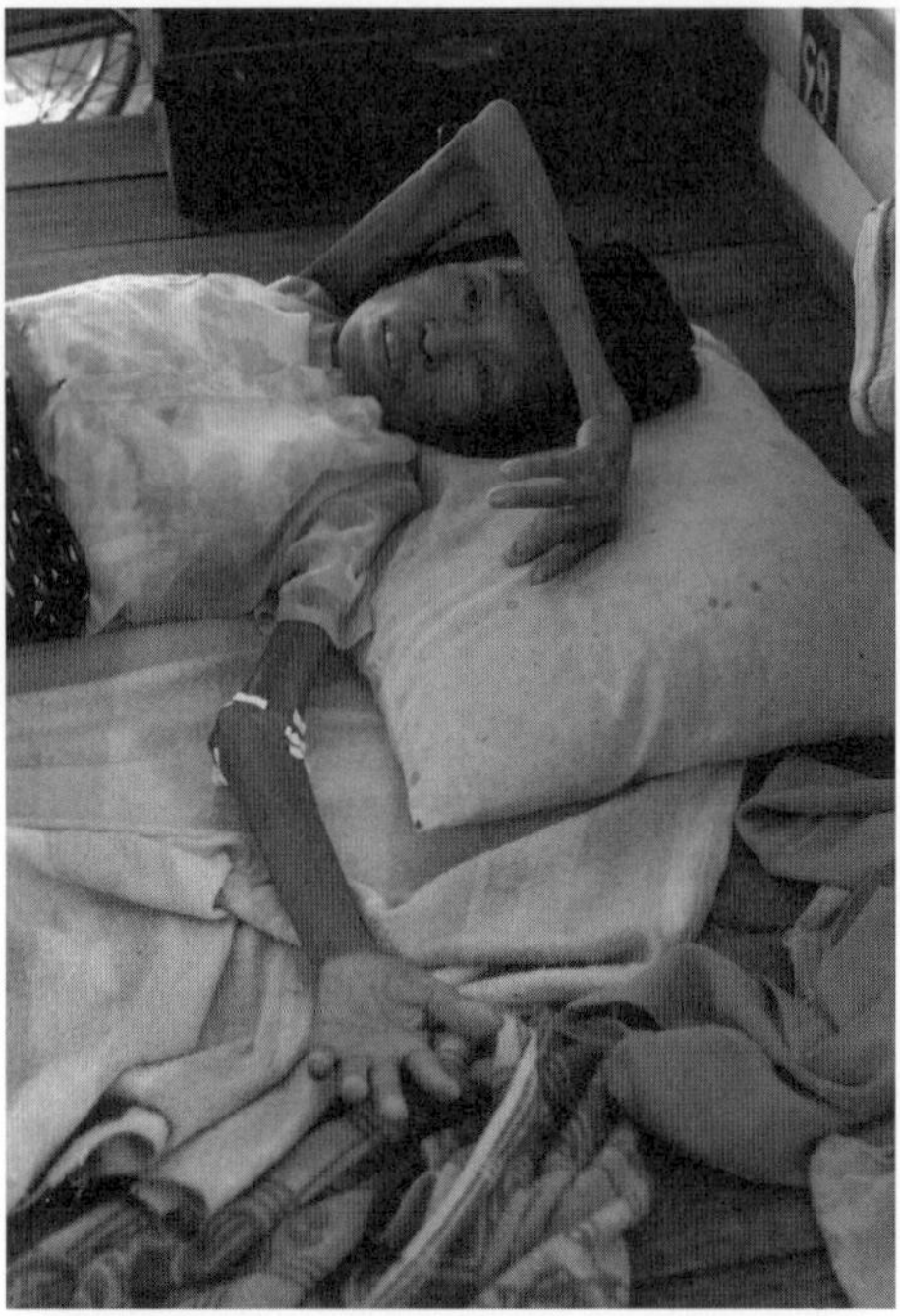

ハンセン病患者は、偏見や誤解によって社会から虐げられてきた

所に隔離されるなど、世界の各地で虐げられてきました。

現在、ハンセン病の患者数は世界全体で見ると、徐々に減少しており、先進国の中では、ほぼ終息状態の国も多くあります。これは栄養状況や社会環境の向上もさることながら、治療薬の進歩がめざましいからです。ハンセン病の有効薬が発表されたのは１９４１年、アメリカのファジェイ博士が発見した「プロミン」が最初でした。その後も治療薬の開発が進み、現在では、ハンセン病は完治可能な病気と言われています。

では、ハンセン病患者がいなくなってしまったかというと、そんなことはありません。開発途上国を中心に、まだまだこの病気に苦しむ人々が少なくないのです。ことにインド、バングラデシュ、ミャンマーなど東南アジアの患者数は、世界の過半数を占めています。

このように伝染力は非常に弱く、治療も可能な病気がハンセン病です。しかし、世界各地で社会的な偏見にさらされ、差別されるという長くつらい歴史を持つのがハンセン病患者であり、しかも先ほどのミャンマーのように、今なお同じ状況にあります。さらに言えば私たち日本でも、つい最近まであからさまなハンセン病患者に対する差別政策がとられてきたのです。

作家・松本清張の名作『砂の器』は、映画化もされましたので、ご存知の方も多いでしょう。らい病と呼ばれていたハンセン病にかかった父親が、幼い息子とともに故郷を追われた話が作品の底辺にあります。食を乞い、野宿しながら流浪する父と子の姿は涙なくして見られません。その哀切な姿の背景には、ハンセン病を「恐るべき伝染病」として隔離した国の政策と、それを信じて患者さんを忌み嫌った私たちの偏見があります。

日本政府がハンセン病患者隔離を「間違った政策だった」として正式に認め、患者さんたちに謝罪したのは、つい数年前のことです。テレビや新聞で大きく報道されましたのでご記憶のことと思います。しかし、その後も、九州の旅館が元ハンセン病患者さんたちの宿泊を拒否するなど、その偏見は今なお根強いものがあります。

日本ですらそうなのですから、ミャンマーのハンセン病患者の皆さんがどんな立場に置かれているのか、ご想像いただけることと思います。

自分を虐待した息子を恨まない母親の気持ち

マヤンチャウンの森の施設に入っている人たちは、どなたも壮絶な半生を送ってきています。何人かの方に話を聞きましたが、どれもすさまじいものばかりでした。

ある60代の女性患者さん。結婚して一人息子を授かりましたが、ご主人に先立たれ、働きながら女手ひとつで懸命に息子さんを育ててきました。息子さんは立派に成人し、仕事にも就きました。母親の彼女にとっては苦労が報われ、やっとひと息というところでした。ところが、60歳を過ぎた頃から思いがけない不幸に見舞われました。ハンセン病の症状があらわれてきたのです。

ところが、息子は母親に治療を受けさせようとしませんでした。母親がハンセン病であることが周囲にわかると、自分も親戚や近所の人々から差別されてしまうことを恐れたのです。

そのため、来客があると母親をトイレに閉じ込めるようになりました。最初は誰かが来るときだけでしたが、やがて自分自身も母親を疎ましく思い、1日中トイレに閉じ込めるようになったのです。しかも、なんと1年近くも閉じ込めたままでした。

　このままでは死んでしまうと思った母親は、トイレの板塀を破って逃げ出しました。そして、マヤンチャウンの森の施設にたどり着いたのです。この話をしてくれたあと、彼女はポツンとつけ加えました。

「息子を恨んではいません。息子が悪いわけではありません。ハンセン病を差別する社会が悪いのです」

　男性の例もお話ししましょう。30代のその男性は、出稼ぎでタイのバンコクで懸命に働いてお金を貯めました。ミャンマーに戻り、立派な家を建て、家族と幸せに暮らしていこうと夢と希望でいっぱいでした。しかし無残にもハンセン病にすべての幸せが奪われました。帰国が近づく頃、どうも左手の具合がおかしく、変なあざのようなものも出てきたため、病院で検査をしてもらった結果、ハンセン病と診断されたのです。そして、自分がハンセン病だと知られると家族まで差別を受けてしまうと考え、貯めたお金を妻に渡し、故郷をあとにし、この施設にやってきたのです。

　男性は家族に何も言わずに家を出てしまったのです。「自分がハンセン病だと知られてしまうと、家族も差別され、いじめられる」と考えた結果です。断腸の思いだったでしょう。自ら家族との縁を断ち、この施設に入ったこの男性を、ある日、父親が訪ねてきて、息子にこう言いました。

「お前がハンセン病だということを知って悲しかった。心からお前を愛している。でも、故郷へ帰ってこないでくれ。お前の病気が知られると、わしも母親も、お前の家族も周りからいじめられてしまう。二度と家には帰ってくるな」

そう言い残し、父親は立ち去りました。父親もつらかったでしょう。しかし、まだ人生の盛りともいうべき30代ですべてを失った男性の悲しみは、たとえようもないほど深いものに違いありません。ハンセン病は今では簡単に治る病気です。無知から来る偏見と差別ほど恐ろしいものはありません。

最底辺で生きる人々が見せる真のやさしさ

このように、マヤンチャウンの森のハンセン病患者の人たちは、この世で最もつらい体験を抱えながら、最底辺の生き方をしていました。もし私たちの緊急食糧援助がなければ、本当に深刻な状態に追いつめられていたことでしょう。その人たちがまともに食べられるようになり、住宅の改修工事が進むにつれ、笑い声があがるようになって、私も「ああ、よかった」と安堵しました。

ところが、妙なことが起きました。私が久しぶりにマヤンチャウンの森を訪ねたある日、施設の人々が皆、前よりも痩せてしまっていたのです。食糧は十分に届いているはずです。

「いったいどうしたのですか？」と驚いた私が尋ねても、皆さんはただ笑みを浮かべたまま黙っているのです。

やがて、理由がわかりました。マヤンチャウンの森には、ハンセン病以外の人たちも暮らしています。一人暮らしのお年寄りも多く、なかには、高齢や病気のために働くことも動くこともできなくなった人たちもいます。ハンセン病の患者さんたちは、それらの年寄りの家を訪ねては、自分たちの食べ物を分け、食べさせていたのです。ある一人暮らしの老人は、高血圧で倒れ、まったく身動きできなくなっていました。その面倒をハンセン病の患者さんが見ていました。食事を与え、体を拭き、下の世話まで行っているというのです。

患者さんたちにも、もちろん食べ物が余っているわけではありません。支援する私たちはギリギリの予算で行うしかありませんから、人数分の最低限の食糧を計算して供給しています。その中からお年寄りたちに分けていたのです。自分たちの命を削るようなものです。

さらに驚いたことに、高血圧で倒れて面倒をみてもらっている老人は、元気だった頃にはハ

工事が終わって、新たにきれいになった施設の中

ンセン病の人たちを徹底的に差別し、いじめていたのです。彼に殴られた経験を持つ患者さんも数多くいます。それを知った私は理解できず、「なぜ、そんな人を助けるのですか?」と尋ねました。すると、皆さんが叱るようにこう言うのです。

「あなたは間違っています。恨みや憎しみの心は小さくて醜いものです。一緒に生きていくことが大切で大きな心です。食べ物を分けるのは当たり前のことではないですか」

叱られながら、私は考え込んでしまいました。ハンセン病で体が傷つきボロボロになりながらも、どうして、こ

んなにもやさしい心を持てるのだろうか……。これまで差別され、いじめられ、最底辺で生きてきたからかもしれない。そういう人たちだからこそ、本当のやさしさを持てるのかもしれない。そう思うと、何か心が洗われたような気持ちがしました。

お腹の子どもを守るために命がけでたどり着く

マヤンチャヤウンの施設に暮らす人たちの人間的なやさしさには、本当に教えられることばかりです。病気になって家族との別れを経験した方たちがほとんどですが、なかにはこんな人もいます。

22歳の若い女性で、外見上もまったくハンセン病患者には見えません。あるとき、私は思い切って「あなたはなぜここに住んでいるんですか、病気には見えないのに」と尋ねてみました。彼女の答えはこうでした。

「お母さんがハンセン病でここにいます。そのお母さんの面倒を見るためです。私はここで死んでもいい。お母さんの傍にいて面倒をみることが大事ですから」

静かに微笑みながら言う彼女の言葉に、胸が熱くなりました。自分の家族にハンセン病患者が出ると、一家の恥とばかりにひた隠しにするか、追い出す例がほとんどですが、こういうやさしさをごく当たり前のように持つ人もいるのです。

また、絶望的な状況の中を生き抜き、この施設で子どもを産んだ女性もいます。レーレーウィンという名です。

彼女は18歳のときに結婚しました。ハンセン病のために手の指は細くなっていましたが、それ以外は健康な人と変わりません。旦那さんはレーレーウインがハンセン病であることを承知で「僕が守ってあげる」と約束して結婚を申し込みました。

しかし、幸せは長くは続きませんでした。1年ほど経つと新しい命が宿り、彼女のお腹は膨らみはじめました。その頃から旦那さんの態度が変わりはじめたのです。彼自身はハンセン病に対する知識を持っていました。お腹の子どもにも影響しないことを。しかし、知識のないまわりの人々、友人、親戚などから「お前の奥さんはハンセン病だ。お前もハンセン病に感染している。生まれてくる赤ちゃんも大変なことになる」と強烈な差別を受けるようになりました。旦那さんはハンセン病の妻を疎ましく思いはじめ、とうとう暴力を振るうようになりました。そして、「ハンセン病の子どもなんか産むな」とレーレーウインのお腹を蹴りつけるようになってしまったのです。

レーレーウィンは家を飛び出しました。「何としてでもお腹の子を守りたい」という一心からです。ハンセン病の人々が暮らしていると以前から聞いていたマヤンチャウンの森を目指しましたが、ちょうど雨季の真っ最中でした。熱帯のスコールのすさまじさは、実際に体験しないとわかりにくいかもしれません。

お腹の子を守って逃げてきたレーレーウィン

バケツの水をぶちまけるという表現がよく使われますが、それどころではありません。雨が降るというより、地上から水が噴きあがるように見えます。叩きつけるという感じで、実際、雨に打たれると肌が痛いほどです。

そんなスコールの中を、彼女は必死になってマヤンチャウンへと歩き

家族も増えて幸せになったレーレーウィン

ました。前にもお話したように車も通れない泥の川のような道を、這うようにして歩き続けたのです。数日かかったと言いますが、いったいどんな思いだったのでしょう。とても私には想像がつきません。彼女がようやく森に着いたとき、施設の人たちはてっきり山から猪が出てきたと思い込み、こん棒で叩こうとしました。人間とは見えないくらい泥まみれの姿で、這いつくばっていたのです。

ようやく施設にたどり着いたレーレーウィンは、無事に男の子を出産しました。その話を聞いたとき、私はつくづく運命にも負けない女性の強さ、母親の強さに驚嘆せずにはいられませんでした。

しかし、その話だけではありません。レーレーウィンの指は病気のために動かなくなっていましたが、彼女がある日、「子どもを育てるために何か仕事をしたいんです。たとえ体が不自由でも、ミシンの技術を習えば、働けると思うんです」と言ってきました。これがきっかけになって、施設にミシン工場が生まれることになったのです。

ミシン工場が生きる力を呼び起こした

私たちの食糧援助や住宅改修で、施設の環境は良くなり、患者さんたちも以前に比べてはるかに元気になってきました。とはいっても、これといってすることがありませんから、大半の人は１日中ただボーッと過ごしていました。

「これではいけない。この人たちに何か生きがいになるものを持ってほしい」

そう思っていたところに、レーレーウィンが「ミシンを習いたい」と言ってきたのです。いいアイディアです。ミシン技術を身につけて縫製の仕事をすれば、それが収入になりますし、何より生きがいになります。

日本国内で、途上国の最底辺に生きる人たちの話をすると、よく言われます。

「魚を与えるだけではいけない。魚の釣り方という技術を教えなきゃ」

「お金をあげたり、食糧をあげるだけじゃ意味がない。お金の稼ぎ方を教える技術支援こそが、本当の支援だ」

こうしたご意見は、たしかにその通りなのですが、車もない、電気や水道もない、ないないづくしの劣悪な環境に加え、運命に打ちひしがれて無気力になっている人たちに、何かの技術支援を行うことは、日本で考えているより何百倍も難しいのです。私たちはあちこちの国で、職業訓練学校などをつくっては、現地の人が技術を身につけ、それで自立してほしいとやってきましたが、なかなか思うようにはいかないのが実情です。

しかし、マヤンチャウンの施設のミシン工場は大成功でした。まず私たちは40台のミシンを施設内に導入し、子ども服をつくることを始めました。2006年3月のことです。みなさん、ミシンについては素人なので心配でしたが、若い頃に洋裁店を経営していた73歳の女性が「私がミシンの使い方、洋服のつくり方を教えます」と指導員を買って出てくれました。彼女の右足は病気で切断されていますが、残った片足1本でミシンのペダルを踏み、汗だくになって指導するのです。

その姿にひかれ、他の人たちもミシンに取り組みはじめました。指の動かないレーレーウィンも、手の甲を使って懸命に洋服づくりに挑戦です。両足とも包帯を巻いた女性は、ミシンのペダルを踏むと血がにじみ、膿も出てきますが、それでも踏み続けました。右足を失い、人生

マヤンチャウンのミシン工場で働くハンセン病患者の皆さん

に絶望して首吊り自殺をはかった経験を持つ30代の男性も、「これを身につければ自分の力で生きていける。希望の光が見えてきた」と、目を輝かすようになりました。

劇的なほどの変化です。こうして皆さんが積極的にミシンに取り組むようになった結果、技術も格段に進歩しました。現在では、この縫製工場でミャンマーの小学校の制服を毎月3000着製作し、納入しています。それらの製品の評判もよく、他の洋服の注文も来るようになりました。

自分たち自身の力でお金を稼ぐことができるようになったのです。どの人も、私が初めてここを訪れたときとは、まるで別人のような明るい表情になりました。私たちの就労支

ミシンのおかげで患者さんの表情も別人のように変わっていった

援が一番成功した例と言えますが、何より最底辺で生き抜いてきた人たちのすばらしい人間力とでもいうものが、成功のカギだったのでしょう。

２０１０年６月、さらにうれしいことが起きました。元ハンセン病患者の皆さんが暮らしている集団住宅や施設を囲む鉄条網と垣根が取り払われたのです。ハンセン病の皆さんが働く洋裁工場がうまくいっているとの噂を聞きつけて、近隣の村々から多くの人々が工場見学にやってきました。「ハンセン病はうつる」と恐怖と偏見で決して近づかなかった人々が毎日のようにやってくるのです。「自分にもミシンを教えてくれ」と頼むようになりました。そして、ハンセン病に対する誤解も自然に解けていったのです。めったなことではうつらない、今ではすぐ治る病気だということも知られていきました。当たり前のように出入りし、友人関係も築くことができるようになったのです。

鉄条網は皆で撤去しました。外の世界を遮断する板塀も取り払いました。みんなが同じ人間として支え合うようになったのです。まるでドラマのような本当にすばらしいことが起きたのです。

2%だけ上回ったほんの少しの勇気

読者の皆さんは、私のことを特別な人物だと思うかもしれません。大きな愛を持つ偉大な人間だと。それは違います。常に躊躇する心との戦いです。「やめたい。逃げたい」と考えています。普通の人以上に弱い心を持っている人間です。

ゴミ捨て場に入るときには、吐き気がするほどの強烈な臭いに辟易として逃げ出したくなります。全身が汗にまみれ、真っ黒になって働く子どもたちを抱き締めるとき、余りの悪臭に躊躇することもあります。地雷で足を失った少女の傷口を触ったとき、恐怖を感じたこともありました。両手を失った男性と握手するとき、戸惑いを感じました。スラムに入って強面の男たちの顔を見て、恐怖で逃げ出したこともあります。地雷が数多く埋もれたままの地域では、極度の緊張感で足が動かなくなったこともあります。

そうした中で、自分自身の弱さを最も強烈に感じたのは、元ハンセン病患者の人々がいる、このマヤンチャウンの森でのことでした。症状のひどい方や、身寄りのない人など100名近くの方が集団住宅に住んでいました。皆さんと初めてお会いしたときには、驚きを隠せませんでした。後遺症で耳や鼻がいびつな形となった表情。驚くほど異常に変形した手足。両足、両手を切断した方もいました。彼らと対面したとき、抱き合うことも、握手をすることも怖くてしかたありませんでした。「もしかしたら、この病気がうつるのではないか」と。

とくに重症患者のドゥーティンラーさんと会ったときの、自己の弱さは、今、考えても恥ずかしくなります。

マヤンチャウンの森への支援が始まり、さらに施設の改修工事、飲み水や電気などの生活環境改善支援の調査を行っているときです。ふと見ると、集団住宅の後ろのほうにボロボロの小屋がありました。家畜小屋だろうと思って見ていると、人のうなり声のようなものが聞こえてきました。

小屋の中に入ってみると、すさまじい姿の女性がベッドの上に横たわっていました。左足は切断され、右足は反対側にグニャッと曲がっている。手の指は1本も残っていない。そして、その女性は髪を振り乱して私を睨みました。これがドゥーティンラーでした。

ドゥーティンラーの人間とは思えないような姿に、私は立ちすくみました。それでもカメラ

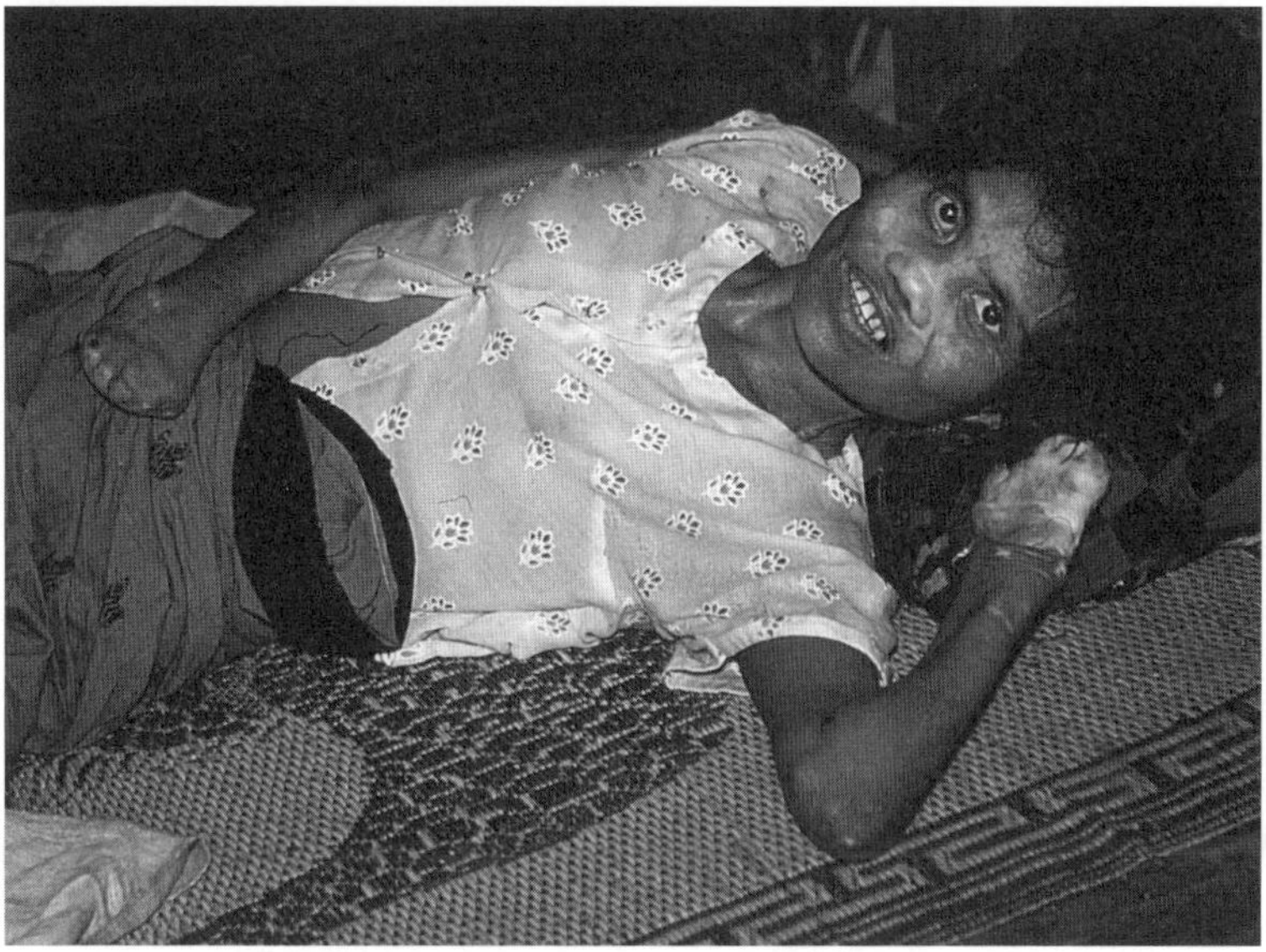

初めて出会ったときに睨みつけるドゥーティンラー

マンである私は彼女にカメラを向け、シャッターを切りました。そして、「彼女と関わると大変なことになる」と思い、その場を立ち去りました。

今も、あの瞬間のことは忘れられません。耐えがたい臭気と、もしかしたら病気がうつるかもしれないという恐怖。そこから私はとっさに逃げ出してしまったのです。ハンセン病はめったなことではうつることはないと知っていながら、本能的な恐怖にかられたのです。

小屋から出てきた私に、施設の人が説明してくれました。老婆のように見えたドゥーティンラーはまだ38歳。重症のハンセン病患者なので、小屋に隔離していたのです。

私は逃げ出した自分に対する自己嫌悪を感じていました。この活動を始めた以上、どんな現場、どんな人に出会ってもためらわない、たじろがないつもりでした。

迷いました。再び小屋に入っていくことに、私自身にはためらいがあったのです。ふと、彼女が私の背に向かって叫んだ言葉が気になりました。何を言ったのかと仲間に尋ねると、ためらいながらこう訳してくれたのです。

「イケマさん、気にしないでほしいのですが、『私を、殺してください!』です」

ガーンと何かで頭を殴られでもしたような感じでした。「私を殺してください」……誰かにこんな言葉を告げられたのは生まれて初めてです。その言葉が背中に突き刺さりました。そして、小屋を出てから2時間経ったとき、私は決心しました。

「もう一度、あそこへ戻ろう。1人きりで彼女と向かい合ってみよう」

これまでも、いろいろな国で子供たちを含めた悲惨な状況下に生きるさまざまな人たちと会い、カメラを向けてきました。集団で訪ねても、こっそりと戻り、なるべく1人で相手と向き合うようにしました。そばに何人もいたのでは、相手も警戒して当然です。こちらが1人だからこそ、相手も心を許してくれるのです。言葉はわからなくても、1人で向かい合い、相手の目を見て声をかければ、何かが通じるものだと。そのときも、そうは思いながらもまだ、私の心には半分のためらいがありました。あえて数字で言えば49%のためらいです。

しかし、私は１人で小屋へ戻っていきました。ためらいを超えるものが51%、いわば２%だけ勇気が上回ったのです。

小屋の中では、ベッドに横たわったままの彼女が、また私をギロッと睨みつけました。私はベッドの横で彼女をじっと見つめていました。すると彼女が、また先ほどと同じ言葉を口にしました。「私を殺してください」と。

私は日本語で語りかけました。

「あなたが人間として生きていける環境を整備します。薬も食べ物も用意します。ちゃんとした住宅もつくりますから、一緒に生きていきましょう」

もちろん日本語のわからない彼女は、先ほどの言葉を繰り返すばかりです。それがしだいに大きくなり、叫び声になりました。「私を殺してください！」。それをまた背中で聞きながら、私は小屋を出ました。

あとで仲間のミャンマー人が小屋に入り、私の言葉を伝えました。

私は、ごく普通の人間です。大きな愛があるわけでもありません。私の心の中には、しっかりと49%は逃げ出したいという思いがあります。でも、何とかしないといけないという思いが

51%。ほんの少し上回っただけです。たった2%の違いです。このような活動に必要なのは、少しだけの勇気と愛です。

お互いが助け合う家がついに完成した

私はドゥーティンラーに空約束をしたわけではありません。出会いから3ヵ月が過ぎた頃、約束を果たすため、重症用患者のための住宅建設に取りかかりました。マヤンチャウンの森のハンセン病重症患者は彼女だけではありませんでした。他の患者さんもドゥーティンラーと同じような絶望の中で生きているはずです。ぜひとも本格的な住宅を建てようと決意しました。

しかし、これが難航したのです。本格的な住宅建設には当然プロの大工が必要ですが、マヤンチャウンの森まで来てくれる大工さんがいないのです。やはりハンセン病に対する誤解と偏見のせいです。しかたなく通常の賃金の倍を出すという条件で探し、やっと2人の大工さんが見つかりました。その2人は借金だらけで、「お金をたくさんもらえるなら、病気がうつって命を失ってもかまわない」と悲痛な覚悟を訴えました。私自身、最初はドゥーティンラーの前から逃げ出したのですから、偉そうなことは言えませんが、ハンセン病に対する誤解や偏見はここまで強いのです。

すぐに採用を決めたものの、まず大工さんたちに対する教育から始めました。「ハンセン病は伝染病ではないし、完治する薬もできています」ということを、彼らが納得するまで教え込みました。ようやく納得してくれ、工事が始まりましたが、いかんせん、２人だけではろくにはかどりません。

ここで協力してくれたのが、施設の患者さんたちです。足が残っている人は資材を運び、手が残っている人はペンキを塗り、クギを打つ。これにも感動させられました。そうして９ヵ月後、すばらしい家ができあがりました。完成した家に、私は「ユイマールハウス」という名をつけました。ユイマールとは沖縄の方言で、「お互いが助け合う」という意味です。みんなの力が合わさってできた住宅ですから、その名称こそふさわしいと考えたのです。

新しい住まいを初めて見たドゥーティンラーは、その立派さに驚きの声をあげたそうです。「あの日本人は自分との約束を守ってくれたのだ。信じられない」と泣いていたそうです。

ユイマールハウスの完成式典には、私も日本から駆けつけました。今度は私のほうが「信じられない」と絶句する番でした。久しぶりに会うドゥーティンラーは、まるで別人でした。汚物にまみれながら髪を振り乱し、私を睨みつけ「殺してください！」と叫んだ彼女が、車椅子

見違えるほど変身したドゥーティンラー

に乗ってはいますが、今は髪をきれいにセットし、お化粧までしていたのです。唇には真っ赤なルージュ。私を迎えるためです。唖然とした私が「いやー、ずいぶん可愛いくなったね」と言うと、真剣な表情で彼女がこう答えました。

「今まで私は、こんなに醜い体になってしまって、人間ではないと思っていました。こんな自分を誰も愛してくれることはない。毎日、死ぬことばかり考えていました。でも、遠くの日本人が私との約束を守ってくれました。誰かが愛してくれるとわかった瞬間から、生きたいと願うようになりました」

そのあとの式典で、車椅子に乗ったドゥーティンラーが私のためにミャンマーの歌を唄ってくれました。題名は「幸せをあなたに」。

彼女の喜びの歌声を聞きながら、めったなことでは泣かない私も、涙をこらえることができませんでした。今ではマヤンチャウンの人々はドゥーティンラーのことを「池間さんの娘」と呼んでいます。

人間の生きる力のすばらしさを実感する

その後、ドゥーティンラーの病気が日増しに良くなってきたという報告を現地から受けました。新しい家に住み、薬や食事をきちんととるようになったからですが、何より彼女自身が生きる意欲を取り戻したことが一番大きいのだと思います。

やがて、別の報告を受けました。ドゥーティンラーは自分の意思で重症患者の住宅から集団住宅に移ったというのです。集団住宅には、高齢のために動けなくなったお年寄りが5名ほどいます。自力ではトイレにも行けず、お風呂にも入れない人たちです。そのお年寄りたちの面倒をドゥーティンラーがみているというのです。片足がなく、もう片足も曲がったまま、指もない彼女が、車椅子に乗り、肘でタイヤを回して走る。指のない手に口でタオルを縛り、お爺ちゃんのお尻を拭き、お婆ちゃんの体を洗ってあげるというのです。

（上）結婚式で幸せそうに笑うドゥーティンラー
（右）現在は施設を出て、夫婦仲良く暮らしている

驚きました。ユイマールハウスの完成式典で別人のようになっていましたが、これほどめざましく回復するとは、正直、予想もしていませんでした。しかも、自分の意思でお年寄りたちの世話をする。誰よりも体の不自由な彼女が車椅子で介護に走り回る。その姿を脳裏に描きながら私は、人間の持つ限りない力というものを教えられたような気がしました。人の愛に目覚めたことで絶望の淵から這いあがり、今度は自分の愛を人に注ぐ。人間というものはすばらしい、生きる力というのはすごいものです。

そんな感慨にふけっている頃でした。ミヤ

ンマーの仲間から「マヤンチャウンに来てください」という緊急の連絡が入りました。「何かあったのか?」と聞き返すと、仲間のほうもよくわからないらしく、「とにかく『イケマさんに来てもらってくれ』と言ってます」とのことです。何か深刻なトラブルでも起きたのかと、不安を覚えながらミャンマーへ飛び、久しぶりにマヤンチャウンを訪ねました。

私が到着すると、施設の前に大勢の人々が並んでいました。施設の縫製工場でつくったのか、みんな晴れ着を身につけています。どの人も笑顔なので、少なくともトラブルではないなと思いながら中に入ると、突然、男の子が花びらを振りまきながら入ってきました。そして、その後から車椅子に乗ったドゥーティンラーと男性が手をつないで現れました。なんと彼女の結婚式だったのです。

いかにもやさしそうな旦那さんが、満面の笑みを浮かべるドゥーティンラーを乗せた車椅子を押して登場しました。周囲の人たちの祝福に包まれ、花吹雪の中をゆっくりとやってきました。うれしかった。彼女との約束を守って本当に良かったと思いました。わずか1年ほど前、「死にたい。殺してください」と叫んでいた女性が大きな幸せを手に入れたのです。ただ感動するばかりです。

家庭の中で当たり前のように笑顔で働く少女（ネパール・パンテカール）

第4章 国際支援を支える意義と決意

ただ知ってしまったから始めたこと

ここまで読んでいただいた方は、私が何か特別な人間、博愛精神に満ちた立派な人格者とでも思われるかもしれません。でも、まったくそうではありません。先にもお話したように、私は小さなビデオ制作会社の経営者に過ぎません。学歴もなければ、これといった地位もありません。ガンコで臆病、まったく普通の中年オヤジです。

私が少しでも誇れるとすれば、そういう普通のオヤジでも本気で頑張れば、今までお話してきたような活動が可能だということを証明した点にあるのかもしれません。

国際支援ボランティアに業界という言葉はヘンですが、実際に私たちと同じような活動をしている団体は数が多く、業界と言ってもいいほどです。その中で、予算が億を超える団体を見てみると、欧米に本部がある国際協力団体日本支部や宗教団体の組織である場合、ドクターや企業家など裕福で社会的な信用度の高い方がリーダーである場合が多いです。私たちのNPOのように、他に本業を持っている素人が中心で、国や地方自治体の助成金をもらうことなく、会費や寄付だけで活動のすべてをまかなう、それも年間1億円規模で行っている団体は稀ではないでしょうか。
さらに言えば、沖縄という日本の片隅の普通のオヤジがそれを始め、20年間やり続けてきたところに意味があるのかもしれません。これだけ長く続けてこられたのは、映像の力が大きいと思います。

１９８０年代終わりから90年代にかけ、ビデオカメラが普及し、ビデオ・ジャーナリズムという新しい分野も生まれました。ビデオカメラを片手にしたジャーナリストが、世界各地の戦場や紛争地帯に赴き、報道するようになりました。動く映像と肉声のインタビューは、それまでのスチールカメラの何倍もの迫力で生々しいニュースを伝えます。

そういうビデオ・ジャーナリストの仕事はもちろん貴重なものですが、私はプロのビデオカメラマンではあっても、ジャーナリストではありません。海外に行って私の目が向くのは、派手なニュースになるようなものではなく、なぜか貧しさにあえぐ人や、差別や偏見に苦しむ人でした。理不尽で悲惨な現実の中で、黙々と生きる人々に出会うと、それをビデオカメラやスチールカメラにおさめずにはいられません。

決して誰かに見せるために映像を撮っているのではありません。懸命に生き抜く人々の姿に感動し、カメラを回し、シャッターを押しているだけです。

極度の貧困生活の中で、幼い子どもたちも生きるために必死で働いている（ミャンマー・エヤワディー管区）

ただ、映像は大きな力となりました。私が撮影してきたビデオやスチール写真の映像を使って講演や写真展を開き、多くの日本人にアジア途上国の貧困地域に暮らす人々の現状を伝えることができました。映像の力があったからこそ、多くの人々が感動を覚えるとともに、悲しみを共有してくれたのだと断言します。言葉や文章だけで伝えていたならば、この運動は大きな広がりにはならなかったでしょう。

カメラマンが撮影した映像を使い、展示会や講演会で多くの皆さんに見ていただくということはよくあることですが、支援活動に取り組むカメラマンはほとんどいません。ただ私は何かできることはやっていこうと動きはじめ、そして2011年8月現在、77校の学校を建設し、600基以上もの井戸を掘り、食糧援助、医療援助、ハンセン病施設や孤児院の運営などで

20万もの人々を支えています。いつしか報道カメラマンではなく、〝行動カメラマン〟と呼ばれるようになりました。

普通の映像屋のオヤジである私が、いつのまにか国際支援活動を行うようになっていたわけですが、どうしてなのかと聞かれても、正直なところ、自分でもよくわかりません。誤解を恐れずに言えば、私は誰かのためとか、他人のためとか、貧しい国の恵まれない子どもたちを助けるという概念は、ほとんど持っていません。そういう意味で「ボランティア」という言葉は私にとって一番遠いものです。ただ単純に感動したから動き出しただけです。

絶望的な貧しさの中でも懸命になって生き抜く人々、決して笑顔、やさしさを失うことがない子どもたちから、命の尊さと重さを教えてもらいました。そして、はかなく散っていった命にも出会いました。あまりの命の軽さに涙を流したこともあります。強いて言うならば、悲しみに心動かされたとしか言いようがありません。「知ってしまったから、見てしまったから始めました」と言うしかありません。

そんな私が国際支援を始めた原点、それは自分の生まれ育った沖縄にあるのかもしれません。

米軍占領下の沖縄で生まれ育つ

私は1954年、沖縄県の那覇で生まれ、警察官だった父親の転勤に伴い、2歳のときに石垣島へ移って5歳まで過ごします。それから、また嘉手納町へと引っ越します。東洋最大の米軍基地がある町として有名なところです。広大な飛行場からは頻繁に戦闘機や爆撃機のタッチアンドゴーが行われていて、その轟音はすさまじく、耳を聾《ろう》するという言葉がぴったりのものすごい爆音です。学校の授業中もおかまいなし、飛行機が通過する時間は先生も黙り、生徒は耳を押さえるしかありません。

しかし、子どもは不思議な順応力を備えていますから、米軍の飛行機が飛び回る毎日を日常のこととして受け取り、とくに反発も覚えませんでした。それが異常なことだとわかったのは、小学3年のとき、沖縄北部の本部町に引っ越してからです。本部町は基地も何もない田舎でした。自然が豊かな地域で、海があり山があり、川も森もありました。この町で8歳から12歳までの4年間を過ごしました。そのまま本部に住んでいれば、私の人生も今とはまったく違った道を歩んだかもしれません。

しかし、そうはならず、本部の小学校を卒業した私は、またしても父親の転勤で引っ越すことになりました。それが那覇市に次ぐ沖縄第二の都市で、当時、本土も含めて唯一カタカナの名前を持つ市であったコザ市（現・沖縄市）でした。コザの中学に入学した私は、以後ずっとこの町に住んできましたが、ここで多感な少年期・青年期を送ったことが、自分の原点になっていると実感しています。

基地の街で受けたいわれなき差別と抑圧

１９６７年にコザ市に引っ越した私は、そこの中学校に入学しました。当時、アメリカはベトナム戦争に本格的に介入し、そのピークを迎えていた時期でした。空爆からやがて地上戦へと、50万人を数える大軍をベトナムに投じたアメリカは、果てしない泥沼へと入り込んでいきました。その米軍がベトナムの戦場へ向かう最大の拠点が沖縄の基地、ことにコザ市でした。

当時のコザは、別名〝キチガイ〟。基地街をもじってそう呼ぶ人もいました。実際、そう呼ばれてもしかたないような町でした。やはり基地の町である嘉手納町に住んでいた頃はまだ幼年期でしたので、町中に出ることもあまりありませんでしたが、コザの中学生となった私は、よく町へ出かけました。町の〝主人〟は米軍であり、米軍兵士です。見あげるような体格の兵士たちがワガモノ顔にふるまい、沖縄の人間を家来どころか、〝サル〟扱いにしていました。おまけに犯罪をおかしても、兵士が逮捕されたり、罪に問われることはほとんどありません。

こんな理不尽な現実がまかり通っていたのが占領下の沖縄です。ベトナム戦争は日増しに激化していましたから、いつ戦場に送られて死ぬかもしれない兵士たちは荒れ狂い、そのはけ口を沖縄の人たちに向けていたのです。兵士にもエアフォース（空軍）とマリーン（海兵隊）がいましたが、最も危険なのが若いマリーンたちでした。酔ってわめきながら獲物を狙うように歩くマリーンたちは野獣そのものでした。

どうして沖縄の人間はこんなに差別されるのか、どうして米軍兵士の暴力や抑圧におびえなければならないのか、13歳くらいの私にはまだよくわかりませんでした。わからないまま、目の前の現実に対する反発、こんなことはおかしい、許されるべきじゃないという気持ちが芽生えてきました。人が人を差別したり抑圧することを許せない、現在につながる私の原点がそこにあるような気がします。

あらゆる不条理を痛感した沖縄での日々

アメリカの軍政下による差別と同時に、実は私は別の差別も感じていました。出身地による差別です。私の両親はともに沖縄本島ではなく、宮古島の出身でした。沖縄には宮古差別が明らかに存在します。同じ沖縄でも、本島の方言と宮古島の訛りはまったく違います。私自身は本島で生まれ育ったので訛りはありませんが、池間という姓が宮古島特有で、すぐに宮古島出身だとわかります。

私が初めて宮古島出身ゆえの差別というか、悲哀を感じさせられたのは、たしか中学１年のときでした。７歳上の従妹が、仕事を求めて本島に渡ってきました。私は従妹が働いているという店を訪ねていったのです。探し当てた店は、米軍兵士相手のバーのようなところでした。大男の兵士たちがビールをラッパ飲みしながら騒ぐ中、５、６人のホステスが働いていました。

兵士たちの腰の高さしかない女の子たちばかり、従妹をはじめ全員が宮古島出身の10代の少女たちです。本島の女性は１人もいませんでした。英語もろくにわからず、兵隊たちに無理やり抱きすくめられたりしながら、お酒をつぐ姿に胸を締めつけられるような、悲しくせつない思いをした記憶があります。

当時の沖縄の人々とアメリカ人たちが暮らす住宅は、まるで違いました。沖縄の人々が住む家はバラックに近いようなもので、ゴチャゴチャと小さな土地に固まるように暮らしていました。一方、アメリカ人たちは沖縄の人たちとはまったく違う世界に住んでいました。高さが3メートルほどのフェンスに囲まれたアメリカ人住宅地域は別世界。フェンスの向こう側は天国のような世界でした。彼らの住宅は庭だけでも私の家の何倍もの広さです。芝生が敷き詰められた庭にはブランコや滑り台があり、ピカピカ輝く自転車や高価そうなオモチャが無造作に放り出されたまま、どれも少年の私にとっては高嶺の花です。

いつも羨望のまなざしで見つめていましたが、あるとき、どうしても自転車が欲しくなり、とうとう我慢できずにフェンスの隙間の下をくぐって中にもぐり込んだのです。そして、自転車を手にしたとたんに「バーン!」。ガードしていた守衛兵が銃を撃ってきました。威かく射撃だったのでしょうが、私は恐怖に縮みあがり、這いずりながら逃げ出したものでした。

人間の立派さは人種に関係ない

基地の町コザに育った私は、高校生になると体も大きくなり、ケンカざたを起こすこともありました。相手はアメリカ兵です。先ほどお話したように沖縄の人間をサル扱いする兵士たちの横暴さに我慢できず、何度かぶつかりましたが、かなうわけがありません。向こうは体格が大きいだけでなく、戦場の兵士として訓練を受けています。あっというまに叩きのめされてしまうのが落ちでした。

負け続けるのが悔しくて、私は強くなるため空手道場へ通うようになりました。ただケンカに強くなりたい一心でした。その道場にはアメリカ軍兵士も何人か通っていました。私にしてみればカタキのようなもので、敵愾心を込めて睨みつけていましたが、彼らはそんな私に微笑を返し、ていねいにお辞儀するのです。

驚きました。アメリカ兵と言えば私たちを人間扱いせず、やりたい放題のケダモノとばかり思い込んでいましたが、空手道場のアメリカ人たちは実に礼儀正しく、師範の教えを正座して聞くのです。琉球空手についてはもちろん、沖縄の伝統や文化にも詳しく、新入りの私にも教えてくれます。1週間もしないうちに、彼らを見る私の目は変わってしまいました。

「そうか、アメリカ人にはこういう立派な人たちがいるんだ。日本人に悪人も善人もいるのと同じ、先入観で人を判断してはいけないんだ」

差別や抑圧の醜悪さと同時に、人種による先入観で人を決めつけてはいけない。この両方をアメリカ人から学んだように思います。

実際、他にも立派なアメリカ兵が私の身近にいました。先ほどお話した私の従妹は、兵士相手の店で働くうち、ある兵士と愛し合うようになりました。しかし、彼はベトナムへ送られることになりました。当時の沖縄では珍しくないケースで、たいていはそれっきりです。兵士が戦争で死ぬか、あるいは本国のアメリカへ帰ってしまい、それで終わりです。

ところが、従妹の恋人は違っていました。ベトナムへ赴く前、「無事に帰れば、あなたと結婚してアメリカで一緒に暮らしたい。お願いがあります。私が帰ってくるまでに、ぜひ英語をマスターしてください」と従妹に伝え、英語の教材をはじめ、自分の貯金などすべてを彼女に託したのです。

そしてベトナムへ行った彼は、無事に戦場から戻ってきました。約束通り従妹と結婚し、アメリカへ帰って家庭を築き、2人の子どもを立派に育て、今は引退してアメリカ・カリフォルニア州に暮らしていますが、驚いたことに60代半ばの今でもラブラブで、なんと1年かけてアメリカ中をキャンピングカーで旅しています。羨ましい夫婦です。

本土復帰とともに夢を抱いて東京へ行く

１９７２年5月15日、沖縄は日本に復帰しました。27年間におよぶアメリカ支配からの祖国復帰です。占領下に生まれた私にとって、世界はずっと「沖縄と日本とアメリカ」だけでした。自分が暮らす沖縄、大人たちが語る日本、そして私たちを支配するアメリカ。それしか情報が入りませんから、沖縄と日本は同じくらいの大きさだろうと子ども心に想像していました。

それを一変させられたのが、小学校５年生のときに開かれた東京オリンピックでした。先にも述べたように、当時は沖縄北部の田舎である本部町に住んでいました。オリンピックの様子は沖縄でもテレビ放送され、大人も子どももかじりつくように観たものです。

そのとき初めて、日本本土は広さも人口も沖縄の１００倍近くもあると聞かされ、びっくりしてしまいました。さらにアメリカは日本の何十倍、世界全体となるとさらに何十倍……。それを聞いた夜は、眠れないほど興奮したものです。大げさに言えば、世界観が引っくり返ったような感じでした。いったいどんな国があって、どんな人間がどういうふうに暮らしているのだろうか。そして、いつか訪れてみたいと夢見たものでした。それと同時に「なぜ、自分はこんな小さな島に生まれてきたのか」と本部の浜で、水平線を見つめながら泣いていたのが懐かしく思えます。

沖縄の本土復帰が正式に決定したのは、私が高校3年生のときでした。つまり、私たちが戦後の沖縄で日本人として本土の大学に進学できる第一期生ということです。たいして勉強したわけでもないのに、農業高校でトップクラスの成績だった私は、本土の大学に進んで獣医になることが目標になりました。家が貧しいので、何かアルバイトをしながら学ぶつもりでした。

しかし、沖縄の高校で優秀といっても、本土とはレベルが違います。獣医大学の試験に合格するには、数学など基礎科目を勉強し直す必要があり、私は東京の予備校に通うことにしました。生まれて初めての日本本土、そして東京です。見るもの聞くものすべてが新鮮で驚きの連続でした。

初めての大都会で浮ついていたせいか、1年目の獣医大学受験には失敗しました。他の大学には合格しましたが、獣医以外にはなるつもりがなく、大学をあきらめて沖縄へ戻りました。2年足らずの東京暮らしを切りあげ、逃げるように沖縄に帰り、それからは生活のためにいろいろな仕事に就きました。営業職が中心でしたが、常に適当に仕事をしていました。そして、心の中にはいつも何かが欠けているという思いがわだかまっていました。

台湾の人身売買問題に心を痛める

私は23歳のとき、高校生の頃から知り合いだった妻と結婚しました。そして29歳で、それまで勤務してきた大手家電メーカーを辞めて独立しました。最初は住宅などの増改築業を行っていましたが、あまりうまくいかず、５年間くらいは金銭的にも苦労しました。そして34歳のときに、家電メーカー時代に知識を得ていたビデオカメラによる撮影業に転換しました。これがうまくいき、業績は順調に伸びて、家庭的にも長男、長女、次女に恵まれて傍目には順風満帆でした。

しかし一方で、先ほども述べたように、私の中で何かがくすぶっていました。満足感がないのです。もっと成功したいとか、金持ちになりたいとかいうことではなく、自分の人生にシンがないということへの苛立ちのようなものです。

そんな思いを引きずったまま、ビデオで結婚式やイベント、観光関係の撮影の仕事を続けていましたが、ふとしたことからきっかけが生まれたのです。

当時の日本は高度経済成長のまっただ中、どの会社も好況に浮かれきっていました。沖縄も同じで、社員旅行ともなると、男性社員の台湾買春ツアーが堂々と行われていました。

私自身も台湾観光の撮影の仕事で足を運びました。台北の売春クラブに入ったときには我が目を疑いました。水着姿の30名ぐらいの女性たちが腰にナンバープレートをつけて立ち並び、日本人男性の指名を待っていました。その光景は衝撃でした。そして、少年期に宮古島出身の小さな少女たちが、大きなアメリカ兵を相手におどおどしながら酒を注いでいた姿を見て胸が締めつけられる思いとオーバーラップしてしまいました。そして、台湾の売春問題、人身売買問題に興味を持ちはじめたのです。

しかし実際は、私自身どうしていいかわかりませんでした。自分の気持ちを持てあますように、私はその後も何度か台湾を訪れました。山岳民族の村を訪ねては、調査やわずかばかりの支援を行っていました。そんなことをしても焼け石に水、ただの自己満足じゃないかと周囲から言われましたし、私自身も半ばそう思っていました。

もうこういうことはやめようかと自問しながら、私はやがてビデオカメラを手に台湾だけでなく、南洋諸島のフィリピン人労働者の問題などを調べるようになりました。

そして、前にお話したフィリピンのゴミ捨て場スモーキーマウンテンの少年や少女と出会ったのです。

団体が設立されたもののすぐに誰もいなくなる

スモーキーマウンテンの想像を絶する環境の中で、一生懸命に生きる子どもたちの姿に私は衝撃を受けました。そして、決心しました。自分自身も懸命に生きることと、こういう支援の活動を一生かけてやっていこうと。

自分の力でできることはわずかであっても、とにかく1人でやっていこうという決心でした。人様からの募金を預かることも極力避けていました。それが団体活動をするようになった経緯については、第2章で述べた通りです。団体化については、実はあまり気乗りはしなかったのです。支援活動にはお金が伴います。１人でやるなら自分のお金を出し、すべて自己責任ですみますが、団体にすると社会的な責任を伴い、募金を預かることもあります。いろんな問題も生じることでしょう。事務所を借りたり、事務員も必要になります。電話、電気、水道などの経費もかかります。

ゴミ捨て場移転後のステンミエンチャイ

そんな懸念があったものの、私が撮ってきたビデオ映像や現場報告に感動した皆さんが「ぜひ、みんなでやろう」と言ってくれました。たしかに大勢の力が集まれば、1人で行うより活動規模も大きくなります。正直なところ、不安な気持ちとうれしい気持ちが半々でした。

こうして、私が台湾での活動を始めてから10年近くを経た1999年4月、NGO沖縄が発足し、事務所も構えました。ところが、いざこれからというのに1人、2人と設立メンバーが抜けていって、数ヵ月も経たないうちに、ほぼ全員がいなくなってしまいました。「一生懸命にやるな。自分たちは少しいいことをして、皆でコーヒーを飲んでおしゃべりをしたいだけだ。お前が真剣に活動に取り組むことは迷惑だ」と信じられない言葉を残して去っていった方もいました。

当時の私に甘さがあったと、今は反省の気持ちでいっぱいです。去っていった仲間たちを責める気持ちは一切ありません。これは当然のことです。自分のお金は１００円でも惜しいものです。見返りや報酬がないものに金銭を出す方はほとんどいません。ましてや事務所の維持費、経費を出すことはありえないことなのです。当時、自己の甘さに気がつかず、去っていった仲間たちを批判していた自分が恥ずかしくてたまりません。

ほとんどの方は去っていたのですが、何も言わずに発足から現在まで支えてくれている仲間もいます。彼らには心からの感謝と尊敬の念を持っています。生涯、この恩を忘れてはいけないといつも言い聞かせています。

団体にしたことが、命取りとも言えるぐらい大変な状況に追い込まれてしまいました。小さなビデオ撮影会社を経営していても、決して余裕があるわけではありません。３人の子どもたちは高校、大学へと進学。人生の中でも最もお金がかかる時期です。事務所の維持経費は毎月50万円近くかかります。当然のことながら私が払うしかありません。何度も団体をやめようと思いました。ただでさえ生活が苦しい中、このようなお金が出ていくことに妻は猛反対でした。妻にすれば「なぜ、このようなことにお金を出すのか。子どもたちの教育費はどうするのか。マイホームも持ちたい」との思いもあったことでしょう。一度は真剣な表情で「もうやめてください」と言われたこともありました。

それでもやめませんでした。団体を始めたときに、どんなことがあってもやっていくと自らに誓ったからです。何とか資金を捻出し、支援活動も団体も続けました。結果として続けてきてよかったと心の底から感じています。現在は沖縄と東京に事務所を構え、海外ではミャンマー、カンボジアに現地駐在員を置き、当団体の会員の皆さんとともにアジア途上国の人々20万人を支えるようになりました。

胸に深く刻まれた妻からの最後の言葉

実は、妻は病気を抱えていました。成人性T型細胞白血病という難病です。沖縄など一部の地域に見られるウィルス性の病気で、母乳感染によるものです。潜伏期間が40年、50年と長く、妻が発病したのは43歳のときでした。その後も入退院を繰り返すことになりました。団体を設立したものの、誰もいなくなったのがこの時期です。家計の問題に加えて自分の病気、妻が私の活動に反対し続けたのも当然のことでしょう。

しかし、懸命に仕事をしながら、妻の看病、合間を見てはアジアに飛び、沖縄のあちこちで講演するという私の生活は続いていました。学校や企業などで映像を使った講演を行うと、それを見た方が「感動しました。ぜひ、うちでも」と招いてくれるのです。こうして各地の企業や学校でお話をするようになりました。沖縄から日本全土へと広がり、アメリカからも講演依頼が来るようになったのです。

私の場合、講演というような立派なものではなく、映像屋のオヤジが撮ってきたアジアの子どもたちの姿を見てもらい、彼らとの交流をただ報告するだけです。しかし、私に対する誹謗中傷も少なくありませんでした。「いい人ぶってる」とか「お金もないくせにそんなことして、選挙に出るつもりか」など、いろいろな声が聞こえてきました。当然、妻の耳にも入ってきて、「そこまで言われて、どうして活動を続けるんですか？」と、私に詰問したこともあります。

中傷の言葉にはかえって反発心がわき、よけいのめり込むのが私の性格ですが、妻の反対はこたえました。実際、こんなことはもうやめようかと何度も思ったものです。それでも続けたのは、中学校や高校で講演したあとに寄せられる感想文のおかげです。「こんな環境で懸命に生きている同年代の子たちがいるなんて、まったく知りませんでした」「泣いてしまいました。つらくて言葉になりません」「驚きました。自分も頑張って生きなければいけないと思いました」など、さまざまな感想が綴られています。

それらを読むたび、自分のやってることは決して無駄でも無意味でもない、日本の子どもたちに生きる力を伝えるという大切なことをしているんだという思いがわいてくるのです。ある中学校で講演したとき、2年生の男の子からこんな感想文が届きました。

「ずっといじめられていて、自殺しようと思っていたけれど、おじさんの話を聞いて、子どもたちの映像を見て、自分が小さなことで悩んでいることがやっとわかった。だから、勇気を持って大人と相談します。自分はちゃんと生きていきます」

この子がなぜいじめを受けていたのかはわかりませんが、自殺まで考えたと言います。おそらく家族にも先生にも言えず、1人で悩み苦しんでいたのでしょう。それがアジアの子どもたちの映像を見て、また私の話を聞いて、自殺を思いとどまってくれたのです。こんなうれしいことはありません。これらのことを妻に話すと、目を細めて笑っていました。

2001年夏、妻が入院中だった病院の外は台風来襲のため風が強くなってきていました。その中をリゾート地のホテルで開かれる、横浜と沖縄の経済人が集まる団体での講演に出かけていきました。都会の経営者の皆さんに私の話は通じるものだろうかと不安を感じていましたが、結果はほとんどの聴衆が涙を流し、感動してくれました。

講演の成功を喜びながら病院に戻ると、妻はベッドの上で横たわっていました。その頃は妻の病状も悪化し、薬も効かなくなっていました。私は病院に泊り込み、妻のベッドの下にゴザを敷いて横になり、病院から事務所へ出勤する毎日でした。

やせ細る妻の姿を見て、どうしようもない無力感に襲われました。「妻さえも守れない男が何を言っているんだ。国際協力なんてとんでもない」と自分自身に対する怒りで体が震えました。「この活動はやめる」と妻に打ち明けると、妻は驚いたような顔をして、それから微笑みながら、振り絞るような声で切れ切れに言いました。

「私はあなたの活動に、ずっと反対してきました。なぜ、自分のお金を使ってまで、見ず知らずの異国の子どもたちのためにと思っていました。でも、それは間違っていました。あなたの活動は多くの途上国の人々の命を支えています。日本の傷ついた子どもたちに生きる勇気を与えています。一生この活動を続けてください」

それが妻との最後の会話です。それから意識不明に陥り、１ヵ月後に息を引き取りました。46歳の若さでした。

妻の他界後、しばらくは気力を失いました。まわりからも「池間は終わりだ」との声も聞こえました。しかし、妻の「一生続けてください」との言葉は深く胸に刻まれています。その２ヵ月後、私はカンボジアに飛んで学校建設の調査で走り回っていました。

命を失う悲しみを教えてくれた息子の突然死

妻が亡くなったのは2001年9月。世界に衝撃を与えたアメリカのテロ事件9・11事件の6日後でした。その悲しみを大事にして、以前にも増して支援活動に打ち込みました。

アジア各地を歩いては、貧しさや障害、病気に苦しむ人々をサポートする。井戸を掘ったり、学校を建設したり、施設をつくったりするには、当然ながら資金が必要です。そのためのマネジメントが一番重要です。多くの日本人にアジア途上国の現状を伝え、応援してもらうこと、会員になっていただくことが何よりも大事です。そして、何よりも苦しいことです。あらゆる誹謗中傷の中、「お金がなくては人の命を守ることはできない」との強い信念のもと、懸命にマネジメントに取り組みました。

文字通りドン・キホーテのような活動ですが、そんな私を理解してくれる人たちが少しずつ増え、団体の規模も大きくなっていきました。講演のほかに、私は著書を出版し、マスコミにも取りあげられるようになり、ようやく国際支援活動が安定して継続できるようになってきました。

そんなとき、突然、長男の死去の知らせが入ったのです。長男は子どものときから母親に甘やかされて育ち、母親っ子そのものでした。心の弱さから一時は自閉症になるほどでした。

性格がまるで反対な父親の私にコンプレックスも感じていたようです。母親が亡くなり、息子はひどく落ち込んでしまい、自宅に閉じこもる日々が続きました。このままではこの子はダメになる判断し、「自分の力で生きろ」と心を鬼にして家から出しました。そして、息子は富山の企業へ就職したのです。

長男が家を出て2年後のことです。「突然死した」と富山の警察から連絡が入りました。一瞬、自殺かと思い、私は自責の念に駆られながら富山に向かいました。事情を聞くと、会社の寮に住んでいた息子は、夕飯の前に風呂に入り、突然の心臓発作でそのまま亡くなったと言います。病名は急性心不全、俗に言うポックリ病です。最近、日本の若者たち、とくに男性に急増しているというものです。

息子の足跡をたどるように同僚たちに話を聞いてみると、長男は沖縄から来た時期は非常に弱々しかったが、どんどん逞しくなり、最近ではお金を貯めて大学院に入り、福祉関係の専門家になるための勉強をしたいと言っていたそうです。

精神的に弱い部分はありましたが、体は健康そのもの、何よりまだ26歳です。話を聞いた私は茫然自失のまま、息子の部屋に入りました。本棚に私の著書が並べられていました。それを見たとたん、涙があふれてきて止まりませんでした。

息子のことを思わなかった日は1日もありません。毎日、彼の姿が目の前に浮かびます。毎日のように自分のことを責めています。息子を家から出したのは間違いではなかったのか。彼の命を奪ったのは私ではないのかと。自責の念は生涯消えることはないでしょう。

妻の死去から5年も経たないうちに、今度は長男を失ったのです。どん底に突き落とされたような気持ちで、会社も国際支援団体も、すべてを放棄したくなりました。

しかし、活動をやめることはありませんでした。命を失う悲しみを知った自分だからこそ、これまでの道を歩み続けるべきだと思ったのです。その後の活動でも、私は妻や長男のことはほとんど口にせず、悲しみを抱えたままアジアを歩き、さらに、一生懸命に生きることの大切さを国内各地の講演で語ってきました。

今ではＮＰＯ法人アジアチャイルドサポートとなった団体は、会員数が４０００名に達しています。ほとんどすべてが個人会員、私の活動や思いを理解していただいている方たちばかりです。

プライベート面でも現在の妻と出会いました。彼女は亡き妻を看取った看護師でした。妻の看護のために必死だった私は、彼女のことは覚えていませんでした。ところがまったくの偶然でしたが、２人とも頑固親父の経営する沖縄市のコーヒーショップ「原点」の常連客でした。そして、尊敬する頑固なマスターから紹介されたのが今の妻です。私と同様に、彼女のほうも私を忘れていたのですが、いろいろな会話の中で私のことを思い出して驚いたそうです。「あ、あのときの患者さんの旦那さんだ」と。その出会いから2年後、私たちは結婚し、今では私の活動には絶対に欠かせない、最も信頼できるパートナーとなっています。

第5章 日本の子どもたちに伝える現実

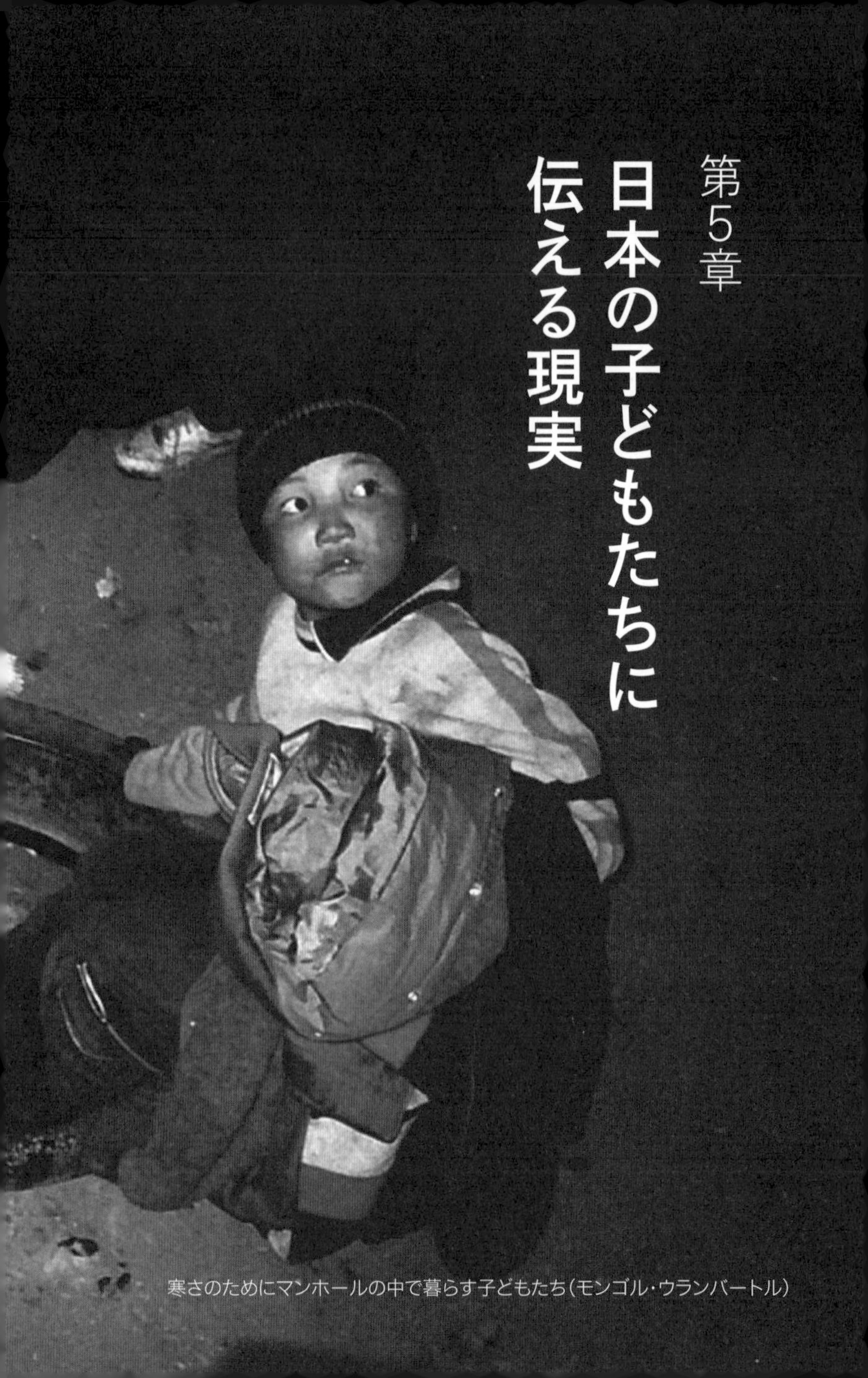

寒さのためにマンホールの中で暮らす子どもたち（モンゴル・ウランバートル）

国際支援は日本の青少年健全育成運動

前章までに何度かお話したように、私は20年間にわたってアジア途上国の貧しい子どもたちや、病気や障害で苦しんでいる人たちを応援する活動に従事してきました。それら実際の支援活動と同時に、私が力を注いできたのが、現地の実情を日本に伝える活動です。

一応、講演会という名称で行うことがほとんどですが、私は学者でもなければ文化人でもありません。高い所から人に何かを教えるとか、誰かを変えるという気持ちはまったくありません。自分が現場で撮った映像を見てもらいながら、自分自身が見たこと聞いたことをお伝えする、いわば報告会のようなものです。

この報告会をこれまで2500回近く行ってきました。語る相手は企業や団体などの大人が6割、小学校・中学校・高校などの生徒たちが4割というところでしょうか。前にも述べたように、初めて人前で語ったのは1995年、沖縄市でのことでした。このときは、企業関係者が中心でしたが、私の映像を見ながら話を聞いた方たちは、どなたも驚いていました。「こんな実情があるとは、今までまったく知らなかった」「そんな状況の中で生きている子どもたちがいるなんて」という反応が返ってきました。

それが噂を呼び、「わが社でも」「うちの団体でも」という依頼が入りはじめ、あちこちでお話するようになりました。そのうち、聴衆の方たちから、「こういう話を、ぜひとも子どもたちに聞かせてほしい」という声があがってきました。ある方には「日本の将来を担う今の子どもたちにこそ、池間さんが見てきたものを伝え、子どもたちに自分の生き方を見つめ直させるべきだ」とアドバイスされ、私も考えました。

ボランティア活動というのは、いろいろな方たちの善意によって支えられています。まして私たちのＮＰＯ組織は助成金や補助金などで運営しているのではありません。私の映像を見て話を聞いた方々が感動して会員になっていただき、その会費ですべての活動を行っています。小学校や中学校の子どもたちに話しても、会員になってもらえるわけがありませんし、それより何より私の話を理解してもらえないのではないか、初めはそう思っていました。

しかし、海外で支援活動を行い、日本に帰ってくるということを繰り返していくうち、私の中で募ってくる思いがありました。昨日まで一緒に過ごしたアジアの貧しい子どもたち、そして今、豊かな国日本で何不自由なく暮らす子どもたち。年代もほとんど同じなのに、そのあまりの格差に愕然とするばかりです。食べる物もなく飢えに苦しむ子どもたちと、平気で食べ物を捨てる子どもたち、親や家族のために売られていく少女たちと、遊ぶ金欲しさに援助交際に自ら走る少女たち。そして、最も胸が痛むのは自殺する子どもの多さです。

格差という言葉では埋められないほど大きな溝が、アジアと日本の子どもたちの間に横たわっています。それは日本の子どもたちが悪いわけではなく、生まれてからそういう環境の中で育ってきたためです。食べ物がたくさんあり、親の愛に包まれて学校で学ぶことができる、そんな環境を当たり前と思うのは、それ以外の環境を知らないからに過ぎません。

もし同じ年代のアジア途上国の子どもたちが、どんな環境下でどう一生懸命に生きているかを知れば、自分の環境が決して当たり前ではないことに気づいてくれるのではないか、そして、自分自身の足元を見つめ直すきっかけになるのではないだろうか。日本の子どもたちに語ることは、言い換えれば、青少年の健全育成運動にほかならない。そこに私の考えがたどり着き、それまでは断っていた学校での講演を引き受けるようになったのです。

2年間負け続けた末に激変した講演

最初は地元沖縄の小学校や中学校、高校で講演会を行い、やがて全国各地に広がっていきました。今、やがてと述べましたが、実はこれが大変な難行苦行だったのです。

講演会はたいてい学校の講堂や体育館で行いますが、最初の頃は子どもたちが私の話を聞こうとしませんでした。映像を映すために場内を暗くしますが、暗くなったとたんに眠り出す子もいっぱいいれば、私の話が始まってもお喋りしたり、うろうろする子もたくさんいます。

学校で話をさせてもらうようになってからなんと2年近くも、そんな状態が続きました。話を聞こうとしない子どもたちを叱りつければいいのでしょうが、招かれた私が先生もしないことをやったのでは、生徒も先生も傷つくのではと思い、遠慮していたのです。

空回りするばかりで、何度も学校での講演などやめてしまおうと考えました。それでも、とにかく続けたのは、アジアの子どもたちがどんなふうに一生懸命に生きているかを、日本の子どもたちに何とか知ってもらいたかったからです。話をきちんと聞けない子どもたちだからこそ伝えねばならない、それができないのは私の負けだと思いました。

こうして負け続けて2年、回数にすれば50回くらいになっていたでしょうか。ある中学校の講演会がきっかけでガラリと変わってしまったのです。

私の講演はまずビデオの映像を見せることから始めます。当然、会場の明かりを落とし、窓に暗幕を張るなどして暗くしないと、スクリーンにきちんと映りません。そのため、事前に担当の先生にお願いしてプロジェクターや暗幕を用意してもらいます。ところが、その学校ではいざ映写となっても、暗幕どころかカーテンもないのです。窓から陽射しが入り込んで明るいままですが、時間がないためとにかく映写を始めました。それでなくとも生徒たちの状態は最悪です。おしゃべりが続き、中には、座っていることさえもできない子どもたちもいます。

そんな状態が続くうち、私の我慢もついに限界に達しました。映写を止め、担当の先生に「暗幕を引いてテストしていただくよう、お願いしておいたでしょう?」と尋ねました。すると、その先生が「昨夜、いろいろやってみたんですがねえ。でも、画面はよく見えませんが、白黒映画みたいでいいじゃないですか」と答えたのです。

私が必死になって撮ってきた映像ばかりです。生徒たちが本気で見れば、必ず何かを感じるはずの映像です。映像の中のアジアの子どもたちの表情のひとつひとつに、そのメッセージが込められています。それが明るい場内のスクリーンにぼんやりと映り、「白黒映画みたいでいいじゃないですか」とは何ごとでしょう。

「お前は何を考えているのだ!」

思わず私は、先生を怒鳴りつけていました。先生は一瞬びっくりしたものの、苦笑いしながら「そう言われてもねえ、いろいろやってみたんですよ」などと弁解し続けます。私は「もういい、黙ってろ！」とまた怒鳴りました。先生はうなだれ、会場はシーンと静まり返りました。先生を叱りつけた私の剣幕に息をのまれたのでしょう、２００人ほどの生徒たちが演壇の私をじっと見つめたままです。

そこで私は気を取り直し、再び最悪の状態で映像を見せながら説明し、話をしました。始まったときとはまったく別の雰囲気になっていました。お喋りひとつなければ、眠っている子も１人もいません。みんながじっとスクリーンを見つめ、本気で話を聞きはじめたのです。そうすると、こっちもより真剣になります。フィリピン・スモーキーマウンテンの子どもたち、

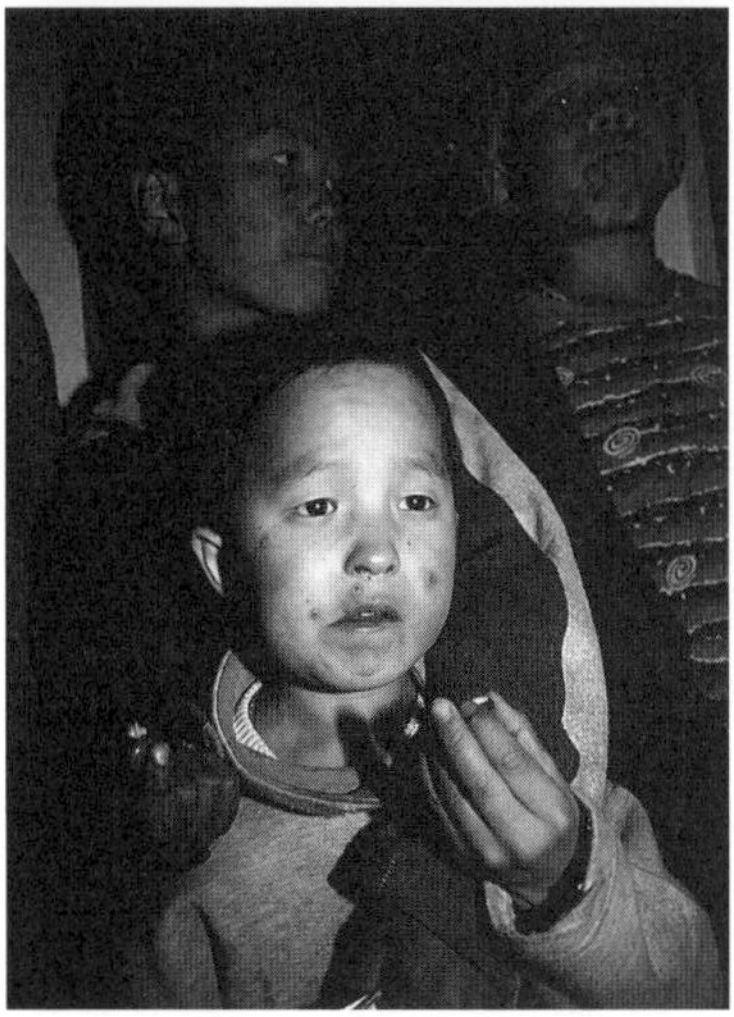

(上)カンボジア・ステンミエンチャイのゴミ捨て場に暮らす子どもたち
(下)モンゴル・ウランバートルのマンホールに住む子どもたち

モンゴル・ウランバートルのマンホール・チルドレン、親に捨てられた息子たち、売られていく少女たち……。それらの映像が伝えているものが、生徒の1人1人に届くことを願いながら私は話し続けました。

それまでなら映像が終わったとたん、ワイワイ騒ぎはじめるのが常でしたが、その生徒たちはほとんど呆然としていました。驚きのあまり、声も出ないという感じです。「一番大切なのは、一生懸命に生きるということです。これだけでもわかってください」と、私は締めくくりの言葉を述べ、演壇を降りました。

それから1週間ほどたち、その中学校から講演についての感想文が届けられました。正直に言えば、私は担当の先生を怒鳴りつけた自分を恥じていました。先生はもちろんわざと準備を怠ったわけではありません。どんな状態であれ、映像を見せ、自分の思いを語れなかった私の責任です。それを先生にぶつけてしまったことが恥ずかしく、本当に学校での講演はもうこれきりにしようと考えていました。ところが、束になって届いた感想文に、私は勇気づけられることになったのです。

いつしか荒れた学校から頼りにされる

その折りの感想文からいくつかご紹介したいと思います。どの生徒も中学3年生で、原文のままです。

「池間先生の話すべてが僕の心にふかく残りました。先生はすごくしんけんに話してくれ、僕たちが今までどれだけ、はずかしい生きかたをしてきたかを心のそこから知ることができました。本当にありがとうございました。お話の終わったあと、先生といっしょにおてつだいをしたいぐらいの気持ちと、本当に貧しい人や苦しんでいる人々を助けてあげたい気持ちでいっぱいになりました」（男子）

「食べるものがなくて、とてもやせている子がいっぱいいて、びっくりしました。それでもみんな一生懸命生きようとしているところにものすごく感動しました。私よりも小さな子が親からすてられてくらしたりして、いったいどんな気持ちなんだろうと、お話がおわったあと、家に帰ってからもずっと考えてしまいました。今の自分の生活、親にたよりっきりなことがとてもはずかしいことに気付かされました」（女子）

「正直言ってこういう講演会は、最初は、自分とは関係ないと思っていました。でも、池間さんがうちの学校の先生におこるのを見てびっくりしました。それから本気で映像を見ました。私と同じくらいのとしの女の子が売られるという映像で、2、3人の友たちが笑い声をあげました。そのとき、本気でおこった池間先生を見て、よけいびっくりしましたが、あとは映像を見ながら、何度も泣きそうになってしまいました。自分たちが普通だ、当たり前だと思っていても、そうではないんだ。どんなにつらくても、必死で生きている人たちがいっぱいいるんだということを知って、すごいショックでした」（女子）

今、ずいぶん前の感想文を取り出し、引用しながら思い出しました。この講演で、私が貧しさゆえに売られていく少女の話をしたとき、声を立てて笑った生徒たちがいました。どうして笑ったのかは定かではありませんが、瞬間、私はカッとなってしまい、声が聞こえたほうに向かって怒鳴りました。

「お前ら、この映像の女の子がどんな気持ちで家を去っていくのか、わかるか！　それがわかって、笑ったのか！」

また会場が水を打ったように静まり返りました。考えてみると、その日は怒鳴ってばかりでした。それだけ懸命に生徒や先生たちにわかってほしかったのだと思います。

この講演会で私は気づきました。自分の思いを伝えるには必死に語るしかないと。それ以降、どの学校に招かれても真剣勝負でした。眠っている生徒やお喋りしている生徒がいれば、容赦なく怒鳴りつけました。どの子たちもビクッとして演壇の私を見つめ、それからはただ黙ってスクリーンを見ています。そして、映像を見ながら涙をぬぐっている姿に「ああ、思いが通じたんだ」と、私も感無量になったものです。

そんな私の講演が評判を呼んだのか、全国各地の中学校や高校から声がかかってくるようになりました。招待されれば、時間の許す限りどこへでも出向きましたが、その中には、荒れた学校もかなりありました。先生たちがさじを投げている学校もあります。そういう学校へ行くと、校長先生が「どのくらい、生徒が黙って聞くのかわかりませんが、よろしくお願いします」と頭を下げます。

「荒れた生徒たちでも静かにさせる人」として期待されているわけです。私もありったけの情熱を込めて話しますが、しかし中学生ともなると、私が少々叱りつけたくらいでは効き目がありません。友達同士でふざけ合ったり、中にはふてくされたように床に寝転がったりする生徒もいます。「聞く気がないやつは出て行け！」と怒鳴ると、みんなびっくりしてこちらを見ます。あるときには、マイクを演壇にぶつけて壊したことさえあります。それでも姿勢を正そうとせず、よけいに騒いで見たり、そっぽを向いたり、うつむいたままの生徒もいます。

しかし、生徒たちの気持ちの中に「このオヤジ、何か違うな」という思いがほんの少し生まれてきたことがわかります。彼らは親や先生など大人に本気で怒られた経験がほとんどないのです。ピリピリ張り詰めたような会場の雰囲気の中、私はスクリーンに映る映像に沿って淡々と話していきます。すると、そっぽ向いたりうつむいていた生徒が正面を向くようになります。そして、しだいに彼らの背筋が立ってくるのです。食い入るようにスクリーンを見つめる気配が伝わってきます。

映写が終わり、明るくなった場内を見渡すと、やはり何人かはそっぽ向き、うつむいていますが、先ほどとは違います。拳でごしごし目をぬぐったり、あぐらをかいたまま肩を震わせたりしています。通じたのです。

どんなに荒れた学校でも、ほぼ例外なくこうなります。荒れている生徒ほど、大人には理解できない鬱屈した何かを抱えているものです。そんな彼らの心を開かせるのは私ではありません。映像の力です。想像もできなかった状況の中で一生懸命に生きるアジアの子どもたちの姿や声のメッセージが、日本の子どもたちにも伝わるのです。

心を動かされる生徒からの感想文

こうして全国の学校を回って語ってきました。延べ１０００校くらいになるでしょうか。講演後、感想文を書いてもらえる学校もあります。そして、事務局へ送っていただけることもあります。感想文を書いてもらうにあたって、私は学校の先生に「批判的なこと、ひどいことが書いてあっても気にしません。聞いてくれた生徒たち全員の感想文が揃ったら送ってください。いい感想文だけの抜粋でしたら、一切読みません。全員の感想文が揃ったら徹夜をしてでも読みますから」とお願いしています。それは、子どもたちに語ったことがどう伝わったかを知りたいからです。

感想文を読んでいると本当にうれしくなります。「自分が恵まれていることに気づいた。親に感謝する。食べ物を大事にする」、そして「一生懸命に生きていきます」と書かれた感想文がほとんどです。決して先生や私に気に入られようと書いた文章ではありません。そのような文は、こちらもすぐにわかります。たどたどしくとも自分で懸命になって綴った感想文です。

もちろん中には「あんなビデオ、ぜったい見たくない。二度と来るな」と書いた子もいます。

キレイごとを並べるよりずっといいと思います。「ぜったい見たくない」という言葉の中に、その子が受けた衝撃が込められているからです。今はそういう言葉でしか表現できなくても、見た映像がその子の心の奥に根づいているはずで、いつかきっと何かの形であらわれてくると信じています。

数えきれないほど届く感想文の中で、私が一番感動するのが、映像や私の話によって自分自身の生き方が変わったことを綴った文章です。前章でもふれましたが、「ずっといじめられていて、自殺しようと思っていたけれど、おじさんの話を聞いて、子どもたちの映像を見て、自分が小さなことで悩んでいることがやっとわかった。だから、勇気を持って大人と相談します。自分はちゃんと生きていきます」。亡くなった妻が読み、それまで否定していた私の活動を初めて認めてくれた感想文です。

講演を重ねるにつれ、その後も同じような感想文が何度も届きました。いじめ、不登校、リストカット……。豊かな国日本で1人で悩み苦しむ子どもたちがいかに多いか、改めて気づかされます。そして、その子たちが私との出会いによって立ち直ってくれたということを知ると、心からうれしくなります。この活動を続けてきてよかったとしみじみ思います。結果として、アジア途上国の子どもたちの命を支えた数よりも、日本の子どもたちの命を支えたことのほうが多いのは間違いないでしょう。

どの学校に限らず、共通の反応があります。私の講演を聞いたあと、日本の子どもたちが１週間だけは親孝行をするのです。どこもまったく同じ反応で、すっかり有名になりましたが、それはカンボジアやミャンマーなどの子どもたちが親を大事にする姿を見て、心から反省し、親に対する感謝の思いが出てくるからです。でも、人間は弱いものです。すぐに元に戻ってしまいます。以前と同じような日常になるのです。

しかし、たとえ１週間だけでも親孝行をしようと考えたことが大事です。親のありがたさや大切さに気づいたということです。わずかな期間だけの変化でもいいのです。しっかりと親に対する感謝の思いが出てきたならば。

語る私自身が泣かされた講演会

この活動をやってきてよかった、そんな思いが講演会の最中にきわまり、実は私自身が泣いてしまったことがあるのです。小学校や中学校、高校だけでなく、私は少年院や養護学校などにも招かれて話すことがあります。

少年院の場合、入所している子たちは、それぞれ理由は異なるでしょうが、みんな心に傷を抱えています。もちろん、1人1人のその傷は私にはわかりません。しかし、伝わってくるのです。貧しさのために親子が離れ離れになる場面、暴力を振るう親から逃れ、マンホールで暮らす子どもたちの場面……、そういう映像が映るとき、拳を握り締めて歯を食いしばるようにして見ている少年たちがいます。

矯正教育の一環としての講演会であり、場内には教官も同席していますから、私語はまったくありません。最初から背筋を伸ばしてスクリーンを見つめていますが、彼らの心の中に映像がまっすぐ届いていることが伝わってきます。もしかすると、それは彼らの心の傷をえぐるような映像かもしれません。大変な状況の中で一生懸命に生きているアジア途上国の子どもたちの姿から何かを学んでほしい、人間として大事なことに気がついてほしい。いつもそう願いながら語っています。

沖縄では、ある養護学校で講演会を行いました。体のどこかに障害を持った子どもたちが相手です。始まる前、担任の先生から「年齢はみんな中学生ですが、知能は小学2、3年生程度ですので、たぶんお話をよく理解できないと思いますが……」と、不安そうに言われていました。私自身も養護学校での講演はそのときが初めてでした。

会場の教室に入ると、車椅子に乗った少年や少女たち50人ほどが集まっていました。ほとんどの子が上半身をねじるような姿勢で車椅子に座り、うつろな視線を私のほうに向けるばかりです。私が自己紹介をしても、まるきり無反応。この子たちにどう話せば理解してもらえるのだろうか、正直、私もとまどったまま始めました。

しかし、そんな心配はまったくの杞憂に終わったのです。

講演が始まっても、生徒たちは無気力な表情でソワソワザワザワとじっとしていない状況でした。しかし、映像に入り、しばらくすると彼らの顔つきが変わってきました。真剣な顔にな

カンボジアで、洗濯をする少女たち（上）と、建築現場で働く少年（下）

り、ピクリとも動かなくなりました。ゴミ捨て場に暮らす子どもたちを見て涙を流し、ハンセン病で苦しむ人々の差別を受ける姿を見て、こぶしを振るわせて怒りをあらわにする子もいました。

講演が終わってもシーンと静まり返っていました。その中を生徒代表が挨拶をしてくれました。重度の障害を抱えているため、言葉を話すこと自体が大変です。ひと言ひと言を絞り出すように「自分たちがいかに恵まれているかがよくわかった。自分は障害者だから誰かが助けてくれるのは当たり前だと思っていた。そんな自分が恥ずかしい」と大粒の涙を流したのです。生徒たち全員が泣いていました。校長をはじめとする教師の皆さんも目が真っ赤になっていました。

講演を企画してくれた教師が「この生徒たちが、これほどまで自分の感情を表現するのは初めてです。この子たちが何も感じないのではないかと思った自分が情けない。教師として心から反省します」と話してくれました。

養護学校の障害を抱えた子どもたちは、講演後、「自分のことは自分でやる」「自分ができることは自分でやる」と言って、介護の先生方の手を借りることが激減したと聞きました。これは本当にうれしいことです。

日本の子どもたちが立ちあがった

私は学校での講演においては一度たりとも、「募金してください」とか「寄付をお願いします」などと口にしたことはありません。日本の子どもたちがアジアの子どもたちの実情を知ることで、自分自身の生き方、未来を考えるきっかけになってほしいという思いだけで行っています。

そんな思いで真剣に語る私に対して、日本の子どもたちは感想文を書くだけでなく、自分たちで話し合って、募金運動に取り組んでくれます。そういう現象があちこちで起きてきました。第2章でカンボジアやミャンマーの井戸建設の話をしましたが、あれはほとんど日本各地の小学校・中学校の子どもたちの力によるものです。私の撮った映像を見て、話を聞いた生徒たちが「僕たちも、私たちも、少しでも何かお手伝いしたい」と立ちあがったのです。

言うまでもありませんが、子どもたちは親からお金をもらって、それを募金したわけではありません。では、どうやって子どもたちがお金をつくるのでしょうか。いろいろな例がありますが、どれをとっても、日本の子どもたちの知恵や行動力、その根っこにあるやさしさに心が打たれます。これもすべては書ききれませんので、ほんの一部だけご紹介しましょう。

ある小学校では「空き缶運動」を行いました。生徒たちが町や公園を回ってはアルミ缶を拾い集め、それを児童会館に持っていきます。集まったアルミ缶をみんなで潰し、先生と一緒に買い取り業者の店まで運ぶのです。1回の金額はたいしたことがありません。当初、その学校の生徒たちは「5万円くらいでできる小型の井戸建設の資金」を目標にしていました。しかし、少しずつお金が増えていくにつれ、「もっとちゃんとした井戸をつくりたい」という声があがり、さらにアルミ缶集めに励んだのです。その結果、目標の10倍の50万円が貯まり、それを私たちのNPOに届けてくれました。

沖縄のある小学校は、高学年になるほど生徒が荒れ、とくに6年生はひどい状態でした。そこで私が講演に呼ばれ、映像を見せ、「同じような年齢の子たちがこんなに一生懸命に生きている。君たちも自分の生き方を一度、よく考えてみろ！」と叱りつけました。

私の講演会が終わったあと、6年生たちが集まりました。「自分たちには何ができるだろうか」と相談した結果、学校の花壇をつぶすことにしたのです。花壇を畑に変え、野菜を植え、それを丹精込めて育てました。そして、収穫した野菜を売って貯めたお金を私たちに届けてくれました。

きれいな水を使えるようになって喜ぶ親子（ミャンマー・エヤワディー管区）

先生が「こんなに生徒たちが変わるとは……」と驚いていましたが、実際、募金を届けてくれた子どもたちは、講演に行ったときとはまるで違う、生き生きとした表情をしていました。しかもうれしいことに、その学校では６年生の野菜づくりが恒例になったのです。毎年４月に新６年生が私の話を聞き、野菜を育てることがずっと続いています。国際支援活動の大切なことのひとつに〝継続〟がありますが、その小学校はそれをまさに身をもって示してくれています。

他の多くの小学校や中学校でも、さまざまな動きが起こりました。私の講演を聞いたあと、自分たちの洋服やオモチャなどを持ち寄り、バザーを開いて売上げ金を寄付してくれたりします。こういう募金運動が沖縄、福岡、東京、埼玉、栃木、愛知とどんどん広がっていきました。

子どもたちが自分たちで知恵を出し、汗を流してつくったお金を、私たちはアジアの貧しい地域の井戸建設に使わせていただいています。小さい井戸から大きな井戸までさまざまですが、完成した井戸には必ず「〇〇小学校の井戸」「〇〇中学校の井戸」という名前を刻んだプレートを正面に貼り付けています。その完成写真や、井戸の水に大喜びするアジアの子どもたちの写真を学校に届けると、日本の子どもたちも声をあげて喜びます。その都度、私は何か見えない大きな流れのようなものが、アジアと日本の子どもたちの間につながっていくような思いになります。

「ミャンマーに井戸をつくろう！大作戦」

こうして例をあげていくと、それこそ枚挙にいとまがありませんが、最後にひとつだけ事例をご紹介します。

2008年11月5日付の朝日新聞（石川県版）に、「ミャンマーに井戸と仮設校舎　加賀・

東和中生徒会、募金で」という大見出しのもと、こんな記事が掲載されました。まずリード文に「加賀市動橋町の市立東和中学（山下修平校長、生徒４３７人）の生徒会が、ミャンマー（ビルマ）での井戸と学校の仮設校舎の建設をめざして募金を続けている。募金を託している沖縄県のＮＰＯ団体から10月下旬、校名入りパネルがついた井戸の完成写真と感謝状が同中学校に届き、４日には仮設校舎の写真も届いた。生徒たちは７日の文化祭でミャンマーリポートとして発表する。」とあり、続いて本文にこう書かれています。

『沖縄県沖縄市のＮＰＯ「アジアチャイルドサポート（ＡＣＳ）」（池間哲郎代表理事）によると、井戸はミャンマーの旧首都ヤンゴンの南西約50キロ、人口約８００人のニャウンワイン村に建設された。軍政下のミャンマーでは外国人の行動が制限され、ＡＣＳは現地スタッフと連絡を取りながら活動中だが、10月末現在、１００人以上が利用できる小型の井戸が１８６本、千人以上が使える大型の井戸が44本完成した。

募金のきっかけは、ミャンマーを直撃し、死者・行方不明者約14万人を出したとされる５月のサイクロン被害。

直後の６月、アジアの子どもたちの悲惨な現状を生徒たちに語ってきた山下校長が、かつて自分が感銘を受けた池間代表の話を生徒たちにも聞かせたいと講演会を開いた。

被災地では井戸が汚染されるなどして使えず水不足になっているという話に心を動かされた前期生徒会が「ミャンマーに井戸を作ろう！大作戦」と名付けて募金活動を開始。ワンコイン募金箱を作り、ベルマークや空き缶集めのほか、地元名物「ぐず焼きまつり」では校門前でかき氷店を開き、野球部は市内球場で開かれたＢＣリーグの試合で募金を呼びかけた。

父母たちからも募金やバザー用の品が寄せられ、活動は後期生徒会にも引き継がれた。当初の目標額は井戸２本分の20万円だったが、９月下旬には40万円を突破。目標を30万円かかる仮設校舎の建設を含めた計50万円に増額した。集まった分は随時、ＡＣＳに送っている。

仮設校舎はヤンゴンから西へ約40キロのポーニゴウン村の児童１６５人の小学校に１棟が建設された。木造で縦8メートル、横20メートルの規模。当面の授業はしのげそうだという。10月上旬に完成し、その仮設校舎の写真10枚が４日、メールで同中学校に届いた。

前期生徒会の役員10人は井戸や校舎の写真に「やった！」「できた」と歓声をあげた。前生徒会長の大杉理菜さん（14）も「日本から遠い国に私たちの気持ちが届きました」と大喜びだった。10月末現在の募金金額は44万４２０４円。目標まであと一息だ。』

本文中にもある２００８年5月、ミャンマーを襲ったサイクロンについては、まだご記憶の方も多いと思います。大災害の第一報を受け、すぐにも駆けつけたい思いでしたが、私はミャンマー入国禁止になっています。新聞記事にもあるように、軍政下で外国人の行動が制限される同国での私の活動が睨まれたわけです。そこで、現地スタッフと連絡を取り、サイクロン発生の4日後には援助資金1000万円、さらに食糧を緊急輸送しました。数日間、何も食べていなかった人たち約1万人が助かったと、あとで感謝されました。しかし、14万人の死者を出し、壊滅状態になった現地の復興はこれからです。

安心できる水が生活の基盤を支える

そんな話を石川県加賀市の東和中学校に招かれてしたところ、生徒会の皆さんが中心になって募金運動を始めて、新聞記事のような大きな動きになったのです。いろいろな知恵を出し合いながら展開した彼らの活動は、地元の北國新聞社が主催する「第13回北國あすなろ善行賞」にも選ばれました。

この中学校にとどまりません。私の講演会がきっかけになって、アジア途上国の井戸や学校建設に立ちあがり、地元の報道で取りあげられた小学校や中学校も数多くあります。そうしてミャンマーやカンボジアに建設された井戸は合計で600基を超えました。

近年、豊かな日本で生きる子どもたちの弱さがよく指摘されます。貧しい環境の中で生き抜こうとするアジアの子どもたちと比較すると、たしかに日本の子どもたちの生きる弱さは心配になります。しかし、自分たちとはまったく違う世界があることを知り、それに対して自分たちができる手助けをしようと立ちあがる。そんな日本の子どもたちを見るにつけ、「この子たちのやさしさや知恵、行動力がある限り、大丈夫だ」という思いを新たにします。

過保護は暴力よりも人を苦しめる

私は沖縄の大学で国際ボランティア論の講義を受け持っており、すでに6年になります。毎年、21歳か22歳を中心とした明日の日本を背負っていく、100名前後の学生たちが受講してくれます。

学生たちに対してはいつでも本気で真剣です。講義の内容はカンボジア、ミャンマー、モンゴルなど途上国における支援活動の状況や実務的なマネジメントなどが主ですが、それ以外にも人としての生き方や人生を語ります。もうすぐ社会人になる学生たちに有意義な人生を歩んでほしいとの願いからです。

あくまで私自身の感覚ですが、学生たちとふれ合っていると、溺愛の中で育った若者たちが非常に多くなったなと感じます。過保護で育てられた人間が大人になると、いかに苦しむかも感じています。「過保護は暴力よりも人を苦しめる」と断言する心理学者もいます。それには私も同調します。

過保護で育てられた人間はすぐにわかります。講義の中で大切なこと、すばらしいことがいっぱいあったとしても、自分の気に食わない何かを探し出します。たとえば実にくだらないことですが、「クーラーが寒すぎる」とか、「先生の声が大きい」「机が汚れている」などの不満を口にします。驚くほど心が乱れているのです。溺愛の中で生きてきた人間は極度の自己中心主義に陥ってしまいます。大切なことよりも気に食わない何かで心がいっぱいになり、ズタズタになります。

あくまで私自身が若者たちとのふれ合いで感じていることですが、過保護の中で生きてきた人間は、社会人となり企業に就職しても難しいものがあります。何でもやってもらうのが当たり前だと育てられてきた人間が、満足な仕事などできるはずがありません。常に不平不満ばかりを口にします。先輩や上司を尊敬することもなく、お客さんを大切にとの想いも弱い。感謝を知らない、まったく使えない人間になってしまいます。

結婚をしてもうまくいかないと思っています。常に「私に、私に」と要求ばかりします。夫婦は相手に対する思いやりが基本ですから、自分を育てた親と同じように溺愛はしてくれません。そして、不平不満から配偶者の悪口を言うようになります。

ひどいのは自分の子どもに対して夫が妻の、妻が夫の悪口を言うケースです。これは子どもを苦しめてしまいます。決してやってはいけないことです。世界で一番立派な男は自分にご飯を食べさせてくれたお父さん。そのすばらしい男の悪口を聞いて育った子どもは、誰かを尊敬し、信頼する心が弱くなります。世界で一番立派な女は自分を産んでくれたお母さん。世界一すばらしい女性の悪口を聞いて育った子どもは、人を愛する心が弱くなります。子どもは生涯、アンバランスな心と格闘しながら生きていくのです。あまりにも子どもが可哀想です。

甘やかされて育った学生たちに「君たちは一生、地獄を見るぞ」と私が言うと、みんなギョッとした表情になります。

そこで私が話すのは、自分自身についてです。私は決して人格円満でもなければ高潔でもありません。悪いところや欠点をいっぱい持っていますが、「三つ子の魂百まで」という言葉が示すように、性格の悪いところは簡単に直るものではありません。それならば、自分の悪いところを取り消そうとせず、むしろ「欠点を愛する」ことが大事になります。欠点を意識していれば、何かの場面で「あ、また嫉妬心が出てきた」とか「疑い深くなっている」などと、自分がわかるものです。

この「自分の欠点を愛しなさい」という指摘が意外なのでしょう、学生たちはホッとした表情になります。

日経ビジネス工学院という専門学校で、私は毎年４月に新入生に講演をしています。この学校に呼ばれて初めて話したのは数年前のことでした。

そこから何かを感じ取ってくれたのか、学生たちはアルバイトして得たお金から自主的に募金をしてくれたのです。以来、この専門学校では毎年、私の話を聞いてから学生生活がスタートすることになっています。

話は戻りますが、沖縄の大学で学生たちを見ていると、過保護、批判型が多くなったなと感じます。彼らに対し、私は徹底的に厳しく臨みます。私語はいっさい許さず、マイクを叩きつけるような勢いです。講座名になっている国際ボランティア論だけでなく、沖縄の問題についてもふれます。私は郷土である沖縄を愛するがゆえに、沖縄に対する見方も厳しいのです。感情的には沖縄が大好きです。しかし、現状を見るときには常に数字で判断します。県民所得、離婚率、家庭内暴力、給食費未納率、子どもたちの学力など、ワースト1がいっぱいです。経済に関しても自主財源は3割に満たず、観光、公共工事、基地関連収入の３Ｋで成り立っている島です。

やはり、このままではいけない。真剣に自立を考え、すばらしい沖縄の未来のために大人たちはもちろんのこと、若者たちが頑張らないといけないと思っています。

私の厳しく激しい講義に、学生たちは最初はとまどっていますが、毎回提出させるレポートの内容が少しずつ変わってきます。「自分が今まで育ってきた環境がいかに恵まれているかがわかった」「目がさめました。このままの自分ではいけないと思う」「何かしなければいけない」などという内容になってくるのです。

学期が終わると、父兄の方からもよく手紙をいただきます。

「いったい、どのようなお話をしていただいたのでしょうか。息子がやさしく親孝行になりました」

「先生から、売られていくアジアの女の子たちの話を聞いたと、娘が泣きながら話すので、びっくりしました。こんなこと、初めてです」

こうした子どもたちの変化は、おそらく親の世代にも伝わり、わが子のうれしい変化に驚くのではないでしょうか。そんなところにも、私の活動の意味があるのかもしれません。

多くの経営者たちも立ちあがった

前にも言いましたが、私の講演先の４割が学校関係で、残りの６割は団体や企業など社会人が対象です。団体には医師会、弁護士会、商工会や青年会議所などの経済団体、また厚生労働省や文部科学省などの行政からの依頼も多くあります。日本全国はもちろんのこと、最近はアメリカでの講演も依頼されるようになりました。文字通り東奔西走です。

日本各地、世界中を飛び回る私を見て「情熱的で努力家ですね」とよく声をかけられます。支援現場での活動や講演に関しては命がけで取り組んでいますから、情熱的と言うのは正解かもしれません。ただ、自分が努力家なのかと考えてみると、そうではありません。困難なことに対し、苦しみながら耐えることを努力と言うなら、私はそれに当てはまりません。努力などしていないのです。海外での支援活動にしろ講演会にしろ、私自身はそれを楽しんでいるのです。たとえば講演会の前夜、どう話そうかと考えたり練習したりして徹夜することがあります。眠らないまま講演会場に行って話すのですが、それが少しも苦ではないのです。目の前のいろいろな問題を突き詰めていくこと自体が楽しいのです。

こんな私ですが、どこかで講演するたびに私たちアジアチャイルドサポートの会員になってくれる方が増えていくのは、本当にありがたいことです。

たとえば、京都の株式会社ヒューマンフォーラムは、全国に34店舗も展開する若者に人気のアパレル企業ですが、ミャンマーやカンボジアの井戸建設のための募金に協力してくれています。そればかりか、社長の出路雅明さんは、得意先の皆さんを集めては、私の講演会を開催してくれています。そして、そのつど参加者の感想文を集めてくれるのですが、先日の講演会の折り、こんな文章が寄せられました。

『本当の意味で「ボランティアの心」を知ることができました。最初から最後まで、心の奥深いところにじわじわ、じわじわとしみてくるお話で、涙が止まりませんでした。「理解すること・少しだけ分けること・一生懸命生きること」忘れません！　私は今日からどうやって生きていきましょう……と自問自答する2時間でした。あっという間に時間が過ぎてびっくりです。すばらしいお話、池間さん、ありがとうございます。ご縁に心から感謝します。出路社長、本当にありがとうございました』

こんな感想に接すると、こちらこそ「ありがとうございます」と頭を下げるばかりで、ものすごく勇気を与えてもらえます。

また、私には著書も何冊かありますが、その中に『懸命に生きる子どもたち』という題名の本があります。本というより、講演録をまとめた薄い小冊子ですが、これを大量に買ってくれる会社もあります。

『貧乏のどん底にいても、やさしさと思いやりの心を忘れず、一生懸命生きているアジアの子どもたちこそ、今の日本人には得難い教師であり、救いとなるのではないでしょうか。少なくとも池間先生は、本当にそう思っておられるようであり、私もまた、池間先生を通じてそのように確信しております。

池間哲郎先生の講演録『懸命に生きる子どもたち』を弊社の社員40名に配り、全員にレポートを書いてもらいました。立派な感想文が返ってきました。中には封筒に３０００円を入れてよこした社員もいました。レポート用紙に涙のしみらしき痕跡のあるものもいくつかありました。今、弊社では全員が池間先生の応援団となっています』

これは株式会社アクセサリーマルタカを経営する一方、ＹＯＮＡＯＳＨＩボランティア「赤い顔」代表でもある直井高一郎社長が、私の別の著書『アジアの子どもたちに学ぶ30のお話』

（リサージュ出版刊）に寄せていただいた文章の一部分です。こうして引用しながら、こういう仲間に支えられている自分は、つくづく幸せな人間だとあらためて思います。

体験を話すからこそ感動が生まれる

前項で、直井社長の私に対する過分のお褒めの言葉を引用させていただきました。これまで20年間にわたって国際ボランティア活動を行ってきた私は、いくつかの名誉ある賞もいただきました。２００１年の西日本銀行国際財団アジア貢献賞をはじめ、２００３年国際ソロプチミスト日本財団社会奉仕賞、琉球新報社会活動賞、２００４年沖縄タイムズ国際賞、２００５年地球倫理推進賞、文部科学大臣奨励賞、２０１１年第５回下町平和賞などです。２０１０年にはカンボジア王国より外国人に対する最高勲章もいただいております。どれも身に余る光栄としか言いようがありません。

また、数冊の自著のほか、私の活動が道徳や英語の教科書で取り上げられたりもしました。さらに、先ほど直井社長が触れられた私の講演録『懸命に生きる子どもたち』は、各種のスポーツ分野でメンタル教育の教材として使われてきました。たとえば北京オリンピックで金メダルに輝いた日本女子ソフトボールチーム、あるいはＪリーグの選手、プロ野球選手、格闘家などが、この講演録を読んでは自分の心を強くするのに役立ててくれているそうです。

そんなことを耳にすると、本当にうれしく思います。言うまでもなく、今までの講演でお話したり、この本で述べたことはすべて、私自身が体験したことです。自らの体験を話すからこそ多くの方々の感動を呼んだのでしょう。講演を聞いてくれた皆さんや、本を読んでくれた方々が感動し賛同し、支えてくれるからこそ私たちの活動が可能になるのです。

アジアチャイルドサポートの会員数は４０００名近くになり、今も毎日のように増えています。本当にありがたいことです。月１０００円の会費の方もいれば、毎月１００万円を送ってくれる方もいます。金額に関わりなく会員の方々すべてに共通しているのは、見返りを求めておられないことです。この無償の善意に対し、私たちは機関誌『伝伝虫通信《でんでんむし》』などを定期的にお送りし、活動報告をさせていただいています。

「私たちが会員の皆さんにできる恩返しは、実績だけです。お預かりした心温まる浄財を、しっかりと希望と命に変えることです。１人でも多くの人々、子どもたちを支えることが使命です」と常にスタッフに言い聞かせています。

第6章 現場で学んだボランティアの真髄

過酷なレンガ工場でも笑顔ではしゃぐ子どもたち（ネパール・カトマンズ）

常に身の危険と背中合わせの活動

国際協力の現場は決して甘くはありません。人様からの浄財を預かる責任は重いのです。理想的な美しい世界を追い求めたり、愛情ごっこに酔っていては責任は果たせません。誠実、信頼、愛だけに囚われてしまうことが最も危険だと、常に自分自身に言い聞かせながら動いています。きれいごとはまったく通用しない世界だと認識しているからです。これまで何度もだまされてきました。20年間かけてカンボジア、モンゴルなどのアジア途上国での国際協力の現場を走り回ったからこそ、わかる真実があります。

本書の最終章であるこの第6章では、そういう国際ボランティア活動の真実についてお話していきたいと思います。これまでの講演や著書ではふれてこなかった部分です。ボランティア活動に夢や理想を抱いている方にとっては、水をさされるような話かもしれません。しかし、とても大切なことなのです。

まず最初に言いたいことは、援助を必要とするようなアジアの貧しい国や地域に入っていくときは、常に危険が背中合わせになっているということです。

あれは、私がまだ個人としてボランティア活動をしていた頃ですから、もう15～16年前のことです。私はフィリピン・マニラのスラム地域をカメラ片手に歩いていました。電車の線路沿いに今にも崩れ落ちそうなバラック小屋が並び、ぬかるんだ道では、素っ裸の子どもたちが裸足で遊んでいました。無邪気な裸の子どもたちが可愛く、私はその様子をカメラにおさめていました。

すると、路地の奥から出てきたパンツ1枚の若者が棒切れを振り回しながら、何事か私に向かって叫びました。現地語ですからまったくわからないまま、私は挨拶するように片手をあげ、そのまま撮影を続けていました。

急に叫び声が大きくなり、見ると3～4人の屈強な男たちがこちらに向かって走ってくるのです。明らかに私に向かって敵意を示しています。私はカメラを首に巻き、線路伝いに逃げようとしました。と、前方にも数人の男たち、それも手にナタやナイフを持っている者もいました。前後をはさまれた私は、もう観念するしかありません。

こちらに抵抗するつもりがないことを示すため両手をあげ、笑顔を向けました。しかし、彼らは底光りする目をギラつかせながら、ナタを振りあげて近寄ってきます。このままではやられてしまいます。私は一番年長者らしい男に身振りでカメラを渡すことを伝え、「フィルムだけは勘弁してくれ」と訴えました。彼らは何事か短く話し合い、フィルムを抜いたカメラを引ったくり、ようやく私を解放してくれたのです。

あとで私は反省しました。ボロボロのみずぼらしい家や素っ裸の子どもたちの姿は、彼ら現地の人にとっても恥ずかしいのです。他人、とくに外国人に見せたくないのは当然でしょう。いくらこちらに悪気がなく、むしろ善意をあらわすつもりでカメラを向けたとしても、そんなことは彼らに通じません。

これ以降、私はポケットにタバコやチューインガムを詰め込み、スラム街を歩くようにしました。タバコ1本、ガム1枚でも、それを差し出すことで、少なくとも入り口の部分で敵意を示されることを避けられます。

しかし、貧困の度合いがひどくなればなるほど、そんなものでは通用しません。前にお話したようにカンボジアの小学校建設の現場では、スタッフたちが何度も暴力に見舞われました。私自身も殴られたことがあります。

日本の若者向けの旅行ガイドブックには「スラム街には決して入らないこと。近くを通る場合、引ったくりや強盗に注意すること」などと書かれています。観光旅行者にとってはそれでいいのでしょうが、国際支援活動をするにはその一線をあえて越えていかなければなりません。越えるときに、危険が背中合わせに潜んでいることを覚悟することです。

古着や千羽鶴を送ることの実情

前にお話ししましたが、世界で一番寒い首都のモンゴル・ウランバートルのストリートチルドレンたちは寒さをしのぐため、暖房用の温水が通るマンホールの中に暮らしていました。その環境はすさまじく、決して人間が暮らせるような場所ではありません。外の世界はマイナス30℃ですから、人間は凍え死んでしまいます。彼らが生き残れる場所は、真っ暗なマンホールの中だけです。

マンホールの子どもたちのことを講演会で話し、写真展を開催し、本に彼らのことを書いて多くの日本人に伝えてきました。すると、とんでもないことが起きてしまったのです。あちこちで古着を集めようという運動が持ちあがってしまい、事務局に山のような古着が送られてくるようになってしまったのです。もちろんすべて善なる思いだけで、皆さんは頑張ってくれたのだということは充分に承知しています。しかし正直に申しあげると、本当は困ったことなの

モンゴルの大平原を駆けめぐっている遊牧民の子どもたち

です。説明が不足していたと心から反省しています。

古着を外国に送るにはどんな手間や費用がかかるか、皆さんはおそらくご存知ないでしょう。集められた古着の整理、クリーニング代、倉庫代、中古コンテナ買い取り料金などで約150万円、モンゴルのウランバートルまでの輸送費が約70万円かかります。そしてモンゴルに到着し、通関となります。自国の子どもたちのためなのだから、モンゴルの税関も大目に見てくれるだろうと考えたら、大間違いです。モンゴルからすれば「金持ちの国日本から中古の衣類が入ってきた。たっぷり税金を」となるようです。40フィートの大型コンテナに衣類を詰め込んで送ったときには、８０００ドル近くの税金をかけられてしまいました。当時のレートで１００万円ぐらいかかったと記憶しています。

それだけではありません。古着をしっかりと届ける見届け役として、誰かスタッフを派遣する義務も生じます。結果として、コンテナ１本を送るだけで３００万円以上の経費がかかりました。古着を集めて送るよりも、輸送費にかかる費用を使って、最も必要とされる防寒服や下着、靴下などをウランバートルで購入するほうが大きな支援効果が出ます。モンゴルへ衣類を送ったのは１９９９年の頃です。当時は団体の規模も小さく、輸送費用捻出のために大変な苦労をしたものです。

また、たとえばミャンマーのハンセン病患者さんの話をしたりすると、感動した女性たちが集まって千羽鶴をつくり、やはり事務局に送ってきたりします。これも古着と同様で、送るには手間も費用もかかります。ドラマなどでは、千羽鶴をつくる場面などで感動させられますが、外国へ物を送ることの大変さを理解していただきたいと願います。千羽鶴などのかさ張る大きなものを送る手間や費用は並大抵ではありません。どうか、その実情をわかってください。

こんなことを言っても、私は古着を集めたり千羽鶴をつくったりする行為そのものを否定しているわけではありません。厳しい寒さの下で凍えている子どもたちに暖かい服を着せてあげたい、病気で苦しむ人たちに千羽鶴で励ましてあげたい。そういう人間としての愛情や善意から発しているのは間違いありません。無関心な人たちに比べれば、はるかに立派なことだと思います。ただ、愛情や善意を形にし、相手に届けるにはさまざまな現実的ハードルがあります。そのハードルをひとつひとつ越えていくのが、国際協力の現場だということをわかっていただきたいのです。

リーダーが持つべき5つの覚悟

国際協力や地域活動などボランティア団体のリーダーには、5つの覚悟が必要です。私自身が体験で知ったことを皆さんにお伝えしたいと思います。

①1対99の法則

講演や写真展などで貧困にあえぐ人々、絶望のどん底で必死になって生きる子どもたちの話を伝えたとしても、賛同して会員となり、お金を出してくれる方はほとんどいないことを理解することです。多くの方が悲しみに心を痛め、懸命に生きる子どもたちに感動します。ただ、自分のお金を出してまで支えてくれる方は、１００名中に１人しかいないと知ることとです。

誰だって自分のお金は１００円でも惜しい。自分が楽しいから、自分に得になるからお金を出すのです。アジアチャイルドサポートの会員の皆さんには何の見返りもありません。強いて言えば、遠くの見知らぬ誰かが幸せを得、命が支えられるだけです。

私は映像制作会社の経営者としてさまざまな経済団体などに所属し、それなりに大きな人脈があります。最初の頃は、友人や知人、親戚、同級生、経済団体などが応援してくれるだろうとの考えでした。しかしそれは、とんでもないことだとすぐに気づかされました。私のまわりの皆さんが会員になることは、ほとんどありませんでした。やってくれない方に対して批判的になったこともあります。今、考えると自分の甘さに恥ずかしくなります。それは当然のことなのです。見返りがないものにお金を出す人はほとんどいません。

ただ、１人はいるのです。見返りがなくてもお金を出して応援してくれる方が、１００名中１人はいます。社会に貢献するのは義務だと考える企業、互いに支え合うことが大事だと思う方がいます。その集まりがアジアチャイルドサポートです。２０１１年８月現在で会員数は約４０００名。毎日のように会員が増加しています。１万人の会員になるまで、そう時間はかからないでしょう。

まずは、見返りがないものに対してお金を出す人は、ほとんどいないと理解することが大事です。だからこそ会員としてともに活動する仲間に心からの感謝がわいてきます。

②愛は当然でお金が最も大事

深刻な状況で生きる人々のことを思いやる心は当然です。理屈抜きで当たり前のことで、自然で言えば、水、空気、光のようなものです。しかし、国際協力団体のリーダーにとって一番大事なのはお金をつくることです。マネジメント能力が何よりも大事だと思っています。お金がなくては何もできません。お金がなくては命を守ることはできないのです。

私の活動の中で、講演などを行ってスポットライトを浴びる、マスコミに登場して有名になる、現地で子どもたちを抱き締める、学校や保護施設をつくるなどといった、光り輝く部分は全体の1%に過ぎません。99%はマネジメントに徹しているのです。とにかくたくさんの皆さんにアジア途上国の子どもたちの懸命に生きる姿を訴え、会員になっていただく、多くの企業や団体に寄付や賛同をお願いする、それこそ地道な活動です。マスコミに登場する華々しさは架空の姿に過ぎません。

日本のNPOはマネジメント能力が弱いと言えます。年間予算100万円以下が大部分でしょう。リーダーの皆さんは愛情豊かで思いの深い方がほとんどだと思いますが、お金がないことには何もできません。プライドをかなぐり捨て、頭を下げてマネジメントを行うことが非常に重要です。自己のプライドを捨てることで多くの命が支えられるのです。

③監視・監査能力の徹底

日本人が一番勘違いをしていることがあります。それは、このような国際協力などに従事する現地の職員がすばらしい人間ばかりだと思っていることです。これはとんでもないことです。あくまで自己体験で書いていることですが、逆に誠実で立派な人物に出会うことのほうが稀です。国際協力活動が成功するかどうかの80％は、信頼できる現地パートナーに出会うかどうかにかかっていると言っても過言ではありません。

もうひとつ、よく起きるトラブルがあります。例えば児童保護施設などを応援することが決まって支援を開始したとします。最初の頃は順調に信頼関係を築きあげていきますが、しばらくすると、日本から送られてくるお金に目がくらみ、現地パートナーの心が曇ってくることが頻繁に起きます。日本人にすればわずかなお金かもしれませんが、現地では大変なお金になります。人間の心は弱いものです。簡単に変化します。

日本人は世界で最もお人好しかもしれないと思っています。国際協力現場は日本人が思うほど善なる世界ではありません。欲望が渦巻く世界だと言っても過言ではありません。信頼ややさしさだけで活動すると、善意で預けられた日本人の浄財が個人の利益になってしまうこともよく起こります。徹底して、現地での協力者や団体を監視、監査する能力が重要です。支援物資がどのように誰に届けられたのか、支援金がどのように使われたのかをしっかりと監視できることが、日本人の善意を守り、途上国の人々を支えることにもなります。

私自身もモンゴル、カンボジア、フィリピンなどで痛い目に遭ってきました。だまされた経験があるからこそ監視、監査が重要だと言い切れるのです。

④説明責任の重要性

説明責任とは、日本国民の善意による浄財の金額や使われ方を明確に発表するということです。団体に対して、いくらのお金が入ってきて、何に使われたのか、現場に対する事業資金と事務局維持費の割合などを明確に広報誌やホームページで発表する必要があります。それも友人関係などの監査ではなく、公認会計士などの資格を持った団体の監査を受けることが大事だと思っています。

アジアチャイルドサポートの監査は、これまで東京の新日本監査法人で行ってきました。日本の中で最も大きな監査団体です。並大抵の審査ではありません。適当な経理状況では、監査OKとなることはありません。ここはあえて私自身がハードルを高くして監査に取り組んでいます。皆さんから預かった浄財をしっかり説明する義務があるからです。

⑤誹謗中傷に耐える心

残念ながら、日本においての国際協力活動に対する民意レベルはまだまだ低いと言わざるをえません。ＮＧＯやＮＰＯに対する評価は高いものではありません。必ずと言っていいほど、リーダーや団体に対する悪口が出てきます。誹謗中傷の渦の中で生きる覚悟が必要です。常に私個人に対する攻撃や中傷が渦巻きます。

活動を始めた最初の頃は、気が小さかったせいもあり、心がボロボロになる日々でした。今となっては悪口にすっかり慣れてしまいました。何を言われても動じません。活動に対する思いや理念をしっかりと深く持つとまわりは気になりません。誹謗中傷はそよ風と思うようになりました。

ここに記した5つの覚悟をリーダーがしっかり持つこと。それによって団体としての活動が継続していけるのです。

ボランティア活動に必要な4つの戒め

この最終章もいよいよ終わりに近づいてきました。ここまで、私自身の過去も交えながら、私たちNPO法人アジアチャイルドサポートの歩みや、国際ボランティアの現場などについてお話してまいりました。まだまだ話し足りないことがたくさんあります。

また、ボランティア活動については、当然いろいろな考え方や方法があるでしょう。私の行ってきたやり方が唯一正しいなどと主張するつもりは毛頭ありません。ただ、私には今までお話してきたような姿勢で、アジアの貧しい子どもたち、病気や障害、差別に苦しむ人たちと向かい合い、手を差し伸べることしかできません。それは今後も変わりないし、変わってはいけないと信じています。

最後に、私が20年間の活動を通じて実感した、ボランティアにとって大切な4つの点をお話しておきたいと思います。

①心から尊敬すること

まず1つ目に大事なことは「現地の人々を心から尊敬すること」です。現場での上から目線は、絶対にダメです。現地の人々を変えてみせる、助けてあげる、教えてあげる、つくってあげる、お金をあげる、物をあげる。こうした「あげる、あげる」という姿勢は、非常に失礼なことだと私は思っています。

まず、そういう上から目線を取り除くことです。懸命に生き抜く人々の精神的なものは、豊かさの中で暮らしている日本人よりも、はるかに高いものがあると私は感じています。親のために懸命に働く子どもたちには、いつも頭が下がります。「なぜ、これほどまでに苦しい中で笑顔が出てくるのか」と感動します。国際協力の基本は、その土地の人々を心から尊敬することです。

②知ることも大切なボランティア

同じアジアに暮らす人々でさえも、毎日、貧しさのために多くの命が奪われています。失われる命のほとんどは子どもです。アジアだけでありません。日本人のように豊かな国で暮らしている人々は、ごくわずかです。途上国の現実を、懸命に生き抜いている人々のことを知ってください。知ることも大切なボランティアです。

③少しだけ分けること

3番目は「少しだけ分ける」ことです。

知って理解すれば、それに対して、どうすればボランティアになるのでしょうか。自分のやさしい心を少しだけ分けることです。100％の愛はいりません。ほんのちょっと1％だけでいいのです。

私は100円のお金がないために失われる命を見てきました。日本人の私たちにとってはわずかなお金ですが、それが確実に大きな命に変わっていくのです。やさしい心を、ほんの少しだけ、一生懸命に生きている人々、子どもたちに分けてください。余裕があるから、いらないからあげるのではありません。少しだけ何かを我慢し、分ける心が大切なのです。

④自分自身が一生懸命に生きること

最後は「最も大切なボランティアは、自分自身が一生懸命に生きる」ということです。

　これが一番お伝えしたいことであり、私が自らにも毎日言い聞かせている言葉です。一番大切なボランティアは何かということです。「誰かのため、人のため、貧しい国の恵まれない子どもたちを助ける」。それも大事です。しかし、もっと大切なことがあります。それは自分自身が一生懸命に生きることです。最初のほうでお話したように、私が国際協力ボランティアに本気で取り組むようになったのは、ゴミ捨て場で生きる子どもたちとの出会いでした。深刻な貧しさの中でも、決して笑顔を失うことなく必死になって生き抜いている彼らの姿に衝撃を受け、大きな感動を得たからこそ、この活動を本気で生涯続けていこうと決断したのです。

「最も大切なボランティアは、自分自身が一生懸命に生きること」。これは自己体験から自然に出てきた言葉です。この本の20ページを読み返してください。フィリピン・スモーキーマウンテンのゴミ捨て場で、素っ裸の5歳くらいの男の子が懸命に働く姿に出会ったときのことです。足の先から頭のてっぺんまで真っ黒。足は傷つき血が流れている。ゴミを拾う手を見ると爪がめくれている。そんな少年を見ていて最初は「可哀想だなあ」と思いました。

　しかし、しばらく見ていたら自分の中で信じられないことが起きたのです。突然、私の目から涙がボロボロ流れてきました。そして、こう思ったのです。「こんな小さな子どもでさえも必死に生きている。それなのにオレは一体、今まで何をしていたのだ。恥ずかしい」「真剣に生きていかないと、この子たちに失礼だ」と心の底から思いました。これまでの自分の無様な人生、生き方に深い反省が生まれたのです。そして、一生懸命に生きることを誓いました。すると、子どもたちを心から尊敬し、大切だと思うようになったのです。

一生懸命に生きるからこそ自分の命も他人の命も尊いと思えるのです。真剣に生きてこそ、人の痛みや悲しみは胸に伝わってくると思います。最も大切なボランティアは、自分自身が一生懸命に生きることです。断言します。

これら4つはボランティアに限らず、仕事、学業、家庭、生き方そのものに関わってくる大切なことではないでしょうか。拙い私の話から、それを汲み取っていただければ幸いです。

「あげている」のではなく「もらっている」

先ほどお話したリーダーとしての5つの覚悟と、ボランティアとしての大切な4つの戒めを胸に、私はアジア途上国の人々に対する支援を続けてきました。20年以上も続けてきて、つくづく思うことがあります。この本の最後にあたって、そんな自分の本音をお話しましょう。

(上)カンボジアで農作業をする少年たち
(下)ネパールで干し草を運ぶ少女

支援活動をしながら、私には「やってあげている。助けてあげている」などの思いはまったくありません。逆に「もらっている」との感覚が強いのです。

「教えてもらっています。喜びをもらっています。感動をもらっています」

カンボジアやネパールなどの現場に行くと、一生懸命に生き抜いている人々と出会います。貧しくとも心やさしい人々とのふれ合いがあります。彼らと接すると、自分はこれでよいのか、真剣に生きているのか、食べ物を粗末にしていないか、親を大事にしているのかといつも反省ばかりです。

そして感謝の心が生まれてきます。日頃、当たり前だと思っていたことが、いかに大切なものかを感じます。命あることは当たり前ではない。食べ物があることはありがたい。家族で暮らせることはすばらしいこと。すべてに対して感謝の想いがわいてきます。大きな喜びを、いつもいただいています。元ハンセン病の人々が抱きついてきます。死を待つのみだったエイズ患者が大声で笑っています。路上でさまよっていた子どもが胸に飛び込んできます。ありがたいことです。

彼らを見ていると元気と勇気が出てきます。「よし、日本に帰っても頑張ろう」と決意します。ただ、私も弱い人間です。帰国すると1週間も経たないうちに、だらしなさと怠け癖が出てきてしまいます。だから毎朝、カンボジア、ミャンマー、ネパールなどの子どもたちの写真を見つめます。「この子たちに負けないように、今日もしっかりと生きていこう」と心のスイッチを入れるのです。

あとがき――これからも走り続ける

目指すは世界に通用する団体・100年続く団体

1990年から個人的に始めた国際協力活動でした。約10年間は1人で歩んでいましたが、1999年に組織化したときに「世界に通用するトップレベルの団体にする」「100年続ける」と深く心に刻み込みました。当時の仲間たちに、この決意を話すと恐らく大笑いしたことでしょう。しかし私は本気でした。

トップレベルの団体ということでは、何とか国や県などの行政からの助成金に頼らずに、自力で活動できる基礎的な部分を構築することができました。これからも、これまで同様、真剣に活動を続けていけば、必ず世界に通用する団体になるでしょう。

次に100年続けるためにはどうするかです。100年続けるためには、現在のNPO組織をもっともっと強固にしていかなければなりません。ボランティア活動をビジネスと同列でとらえるのは誤解を生むかもしれませんが、第6章でお話したように、一時的な愛情ごっこではなく、継続性のあるボランティアを行っていくには、きちんとした企業のような体制や、しっかりしたマネジメントが不可欠なのです。企業経営と同じだと言っても過言ではありません。逆に利益を求めず見返りも要求しないだけに、会社経営よりも難しい一面もあります。

物事は1から10よりも、0から1を生み出すことのほうがはるかに難しいものです。皆さんのお陰で少なくとも0から1まではやり遂げることができました。サポーターの皆さん、募金箱を置いてくれる店舗の皆さん、広報誌を配布してくれる皆さん、毎年、募金をしてくれる方々を含めると1万人近くになります。毎日のようにサポーターの申し込みがあります。これまでの実績と、説明責任をしっかりと果たしてきたことが、大きな信頼につながっていると自負しています。会員の皆さんが新たな会員の方を紹介する形が倍増しています。

「世界に通用する団体・100年続く団体」にするために、これからの計画と夢をお話させていただきます。

教師の応援団による「写真芝居」の普及

私たちの活動が国際協力を通した日本の青少年健全育成運動を活動の柱にしていることは、何度もお話してきました。このこととともに私が考えているのは、日本の60代の先輩方に対して「生きがい創造」の場をつくり、一緒に地域の子どもたちを育てていこうという運動です。

団塊の世代と言われる皆さんが定年を迎え、リタイアしています。高齢化社会の今、60代といってもまだ若く、肉体的にも元気で、社会貢献できる気力も十分に持っています。逆に若者たちよりも人生を知っているだけに、大きな力を持っています。60代の先輩方と話をする機会もよくありますが、いつも「もったいない」「もっとできるのに」と感じます。高度成長時代の日本を支えてきた皆さんの力は偉大です。その先輩方が職場を退職して何もせずに自宅で閉じこもっている現状を見るにつけ、「先輩方の力を借りて日本をよくしていきたい。ともに日本の将来を担う子どもたちを応援していきたい」との思いが強くなり、そして、たどり着いたのが「写真芝居」です。

年配の方たちならどなたも、子どもの頃に夢中になった紙芝居を覚えておられるはずです。それを写真で自らやっていただく活動です。私が講演会で使っている写真に、言葉を添えて子どもたちの前で語っていただくというものです。

といっても、たとえば会社員の経験しかない方に、いきなり小学校の全生徒を前に語るというのは無理です。しかし、少し研修すれば、30～40名の1クラスなら十分にできます。ご自分のお孫さんに話して聞かせるように語っていただければいいのです。パソコンや携帯のゲームにしか関心がなさそうに見える今の子どもたちも、本当はすごく敏感です。おじいちゃんのような年齢の人が、たとえたどたどしくとも一生懸命に話すことには、きっと耳を傾けます。

ゴミ捨て場の中で一生懸命に生きている子どもたち、親や家族のために売られていく少女たち、学校に行くことができずに朝から晩まで働いている子どもたちのことを、大きく引き伸ばした現地の写真を見せながら真剣に話すと、必ず日本の子どもたちは涙を流します。

懸命にカンボジアやミャンマーなどの途上国で生きる子どもたちの姿を伝える。日本の子どもたちは自分たちが恵まれていることに気づきます。親のありがたさを感じます。命の尊さを知ります。人間として最も大事なことを先輩方とともに日本の子どもたちに伝えるのです。これは大きな意義があります。そして、日本の子どもたちを育成することの重要性を感じれば、先輩方にとっても大きな生きがいとなることは間違いないと信じています。子どもたちを変えるとか、教えるのではなく、子どもたちとともに学ぶことが大事です。職場をリタイアして新しい人生を有意義に生き抜いていくことができると確信しています。

この写真芝居をお願いする人たちを「教師の応援団」と名づけています。この運動は全国展開を考えています。たとえば、どこか大きな市に住んでおられる方なら、市内に20～30くらいの小学校があります。平均で1学年6クラスですので、6年で36クラス。もし20校なら、

720も写真芝居で伝える場があるわけです。

私にいつも昔の自慢話ばかりしていたある方に、「先輩、もうプライドは捨てて、一緒に子どもたちを育てませんか？」と言ったことがあります。そして、写真芝居の構想を話すと、先輩は目を輝かせて「それはいい！　ぜひ、やらせてくれ！」と言ってくれました。

お話してきましたように、私はあちこちの学校で講演会を行ってきました。しかし、私1人がいくら頑張ってもたかが知れています。そこに60代、70代の先輩方や、読み聞かせなどを行っているお母さんたちなど、大勢の皆さんが加わっていただければ、これはもうどれほどの波及効果が生まれるかわかりません。

アジアの貧しい子どもたちや、病気や障害に苦しむ人たちの写真を通じて、日本の子どもたちからお年寄りまでが、大きな輪を結ぶ。そうなってこそ、真のボランティア活動と言えるかもしれません。

長いあとがきになってしまいましたが、最後まで読んでいただいたあなたに、心から感謝いたします。そして、この本を通して、あなた自身のボランティアを見出していただければ、私にとってこれに勝る幸せはありません。

特典映像DVD「ゴミ捨て場に生きる人々」について

本書の中にも、ゴミ捨て場で一生懸命に働く子どもたちの話が出てきますが、DVDでは、そのゴミ捨て場の衝撃の映像に著者自身の解説を加えて、さらに詳しく観ていただけるようにしました。このDVDに関して、池間哲郎氏はこう語っています。

真っ黒になってゴミを拾う子どもたちを見て、最初に「貧しくて可哀想……」と思いました。しかし、彼らの姿をしばらく見ていたら、突然まったく別の感情が出てきて、自分自身が恥ずかしくなりました。

「この子どもたちは、どんなに大変な状況であろうとも懸命になって生きている。私はどうなんだ」大人の私は一生懸命に生きているのかと自分を見つめました。とんでもないことでした。ゴミ捨て場の子どもたちに比べると、私のこれまでの生き方は実にいい加減だったと気づき、本当に恥ずかしかった。このままではいけない。真剣に生きていかなければ、目の前の子どもたちに失礼だと心の底から思いました。そして、一生懸命に生きることを誓いました。

日本人に知ってほしい。今日を生き抜くことさえ困難な状況であろうとも、決して笑顔を失うことなく必死で生きている子どもたちがいることを。日本の子どもたちに知ってほしい。一生懸命に生きることの大切さと命の尊さを――。

特典映像DVD「ゴミ捨て場に生きる人々」について

本書で訴えたいこと、伝えたいことが、このDVDには凝縮されています。ぜひ観て、感じてください。数多くの方々が感動し、涙したという池間哲郎講演会の一端を体感していただけると思います。DVDでは、このゴミ捨て場の映像のあとに、東日本大震災への支援の様子も収録しています。アジアチャイルドサポートによる活動とともに、池間哲郎氏がこの震災への深い思いを語っています。

本書とあわせてDVDもぜひご覧ください。

◉本書のDVDは、DVD対応のプレーヤーにて再生してください。DVDドライブ付きパソコンやゲーム機などの一部の機械では再生できない場合があります。

◉ご使用のプレーヤーにより、操作が若干異なる場合があります。詳しくはプレーヤーの取り扱い説明書をご参照ください。

◉このディスクの映像は16：9画面サイズ（ワイド）で収録されています。

◉本書のDVDを権利者に無断で、複製（異なるテレビジョン方式を含む）、放送（無線、有線）、公開上映、レンタルなどに使用すること、及びネットワークを通じて送信できる状態にすることは法律で禁止されています。

本書のDVDは、図書館およびそれに準ずる施設において、館外貸し出しを行うことができます。

INFORMATION

特典映像DVDエンディングテーマ「For Our World」（オリジナルバージョン）公開中！

池間哲郎氏撮影の写真がイメージ映像で流れます。左記よりご覧ください。
http://www.gendaishorin.co.jp/book/b94396.html

著者略歴

池間哲郎（いけま　てつろう）

認定NPO法人アジアチャイルドサポート代表理事
一般社団法人アジア支援機構代表理事／カメラマン
沖縄大学非常勤講師（国際ボランティア論）

1954年沖縄県生まれ。幼少期は沖縄本島北部の自然豊かな本部町で過ごす。中学に上がる直前にコザ市（現沖縄市）へ転居。米軍統治下時代、米兵の闊歩する基地の街で多感な青年期を過ごす。

サラリーマンを経て29歳のときに映像制作会社を設立。経営者並びにカメラマンとして、結婚式、記録映像、CM等の撮影・制作を行う。その一方、出張で訪れた台湾で山岳民族の貧困と人身売買問題を知ったことをきっかけに、1990年よりアジア各国のスラム街やゴミ捨て場などの貧困地域の撮影・調査・支援を開始。

会社経営の傍ら支援活動を続け、1995年より自らが撮影した映像・写真を用いた講演・写真展を通してアジア途上国の貧困地域に生きる人々の姿や、一生懸命に生きることの大切さ・命の尊さを伝えはじめ、現在までその講演と写真展は5000回を超える。

その間、1999年にはNGO沖縄（現NPO法人アジアチャイルドサポート）を設立し、支援の輪をさらに大きく広げている。また、沖縄大学非常勤講師として受け持つ「国際ボランティア論」は、真剣勝負の講義として、学生から非常に高い評価を受けている。

文部科学大臣奨励賞、カンボジア王国外国人最高勲章をはじめとして、国際支援に関する数多くの賞を受賞。著書に『あなたの夢はなんですか？　私の夢は大人になるまで生きることです。』（致知出版）、『アジアの子どもたちに学ぶ30のお話』（リサージュ出版）などがある。

●認定NPO法人アジアチャイルドサポート・ホームページ
http://www.okinawa-acs.jp/

本書のDVDは、図書館およびそれに準ずる施設において、
館外貸し出しを行うことができます。

NPO法人読書普及協会は本書を推薦しています。
http://www.yomou.com/

最《もっと》も大切《たいせつ》なボランティアは、自分自身《じぶんじしん》が一生懸命《いっしょうけんめい》に生《い》きること

2011年10月27日　初版第1刷
2018年 6 月20日　　第5刷

著　者——————池間哲郎《いけまてつろう》
発行者——————坂本桂一
発行所——————現代書林
〒162-0053　東京都新宿区原町3-61　桂ビル
TEL／代表　03(3205)8384
振替00140-7-42905
http://www.gendaishorin.co.jp/
デザイン——————吉﨑広明

印刷・製本 ㈱リーブルテック
定価はカバーに表示してあります。
万一、落丁・乱丁のある場合は購入書店名を明記の上、小社営業部までお送りください。
この本に関するご意見・ご感想をメールでお寄せいただく場合は、info@gendaishorin.co.jp まで。

ISBN978-4-7745-1327-0 C0030

No.1営業力

西田文郎 著

定価
本体1500円+税

真のトップセールスになれる方法を〝脳の使い方〟から説き明かした画期的な営業指南書。営業はお客さまの脳との勝負です。人の心を動かすセオリーを、実践的なノウハウ、スキルとともに紹介しています。

No.2理論 最も大切な成功法則

西田文郎 著

定価
本体1500円+税

「何が組織の盛衰を決めるのか?」――その答えが本書にあった! これまで見落とされがちだったマネジメントにおけるナンバー2の役割を明らかにした著者渾身の意欲作。すべてのエグゼクティブ必読の一冊!

はやく六十歳になりなさい

西田文郎 著

定価
本体1400円+税

人生の大チャンスは60代にこそある――。脳の機能について長年研究を重ねてきた西田先生はこう断言します。60代は、人生で最も豊かで可能性に満ちた年代。60代からをワクワク生きたい人は、ぜひ読んでください。

ビジネスNo.1理論

西田文郎 監修
西田一見 著

定価
本体1400円+税

17年を経て『No.1理論』のビジネス版が登場! 進化した理論をベースに、3つの脳力「成信力」「苦楽力」「他喜力」を使って、成功間違いなしの「勝ちグセ脳」を手に入れられます。ワークシートで実践しながら学べる本。

新装版 10人の法則

西田文郎 著

定価
本体1400円+税

10年間愛されてきた『10人の法則』が装いを新たに新登場! 不確定な今の時代こそ、誰もが幸せになれる10人の法則が必要です。これはテクニックでなく、自分も周りも幸せにする生き方です。ぜひ実践してください。

脳から変えるNo.1社員教育

西田一見 著

定価
本体1500円+税

社員教育はこれで決まり! 本書は、やる気が感じられない「イマドキの若手社員」を〝脳の使い方〟から変えて、自ら意欲的に動く人材に育てる手法を具体的に解説。若手の育成に悩んでいる経営者、現場リーダー必読。

イヤな気持ちは3秒で消せる!

西田一見 著

定価
本体1500円+税

今、イヤな気持ちに振り回されている人がたくさんいます。それをたった3秒で消し去るのが、本書で紹介する「3秒ルール」です。これなら感情がコントロールでき、常に前向きでいられます。すべての人に役立つ一冊です!

一流になる勉強法

西田一見 著

定価
本体1400円+税

ベストセラー『脳だま勉強法』が装いも新たに登場! 試験、資格、英語、ビジネス、難関大学など、どんな難関も突破できる上手な脳の使い方を教えます。受験生はもちろん、一流を目指す人すべてに役立ちます。